Tanz
Gebärden
Haltungen

Bisher erschienen in der Reihe

„Neues für den Gottesdienst“:

Osternacht

Kollektengebete

Abendmahl und Beichte

Karwoche

Fröhlicher Vogel Hoffnung

Adventszeit

Fürbitten

Hinführen zu den Lesungen

Tanz Gebärden Haltungen

Manfred Büsing

Holger Kiesé

Tanz
Gebärden
Haltungen

LVH

Herausgegeben von der Liturgischen
Konferenz Niedersachsens
in Verbindung mit der Arbeitsstelle für Gottesdienst
und Kirchenmusik Hannover

Die Deutsche Bibliothek – CIP-Einheitsaufnahme

Büsing, Manfred
Tanz, Gebärden, Haltungen / Manfred Büsing; Holger Kiesé.
[Hrsg. von der Liturgischen Konferenz Niedersachsens
in Verbindung mit der Arbeitsstelle für Gottesdienst
und Kirchenmusik Hannover].-
Hannover : Luth. Verl.-Haus, 2000 (Neues für den Gottesdienst)
ISBN 3-7859-0801-6

3. Auflage 2001

Illustrationen: Angelika Stuhlmann-Schirrmeister
Umschlaggestaltung: Sperling Info Design GmbH, Hannover
Gesamtherstellung:
Rombach Druck- und Verlagshaus GmbH & Co. KG, Freiburg
Printed in Germany

Inhaltsverzeichnis

Vorwort der Herausgeberin 8

Vorwort der Autoren 9

I. Grund-Legung. Eine Einführung 11

1 Die bewegte und bewegende Gemeinde – eine Vision? 11

2 Tanz und Gottesdienst: Die Liturgie kommt in Bewegung . . .12
2.1 Tanz als echte gottesdienstliche Handlung 12
2.2 Wer bewegt sich wonach? 14
2.3 Tanz in der Liturgie: Zehn zusammenfassende Thesen 15

3 Begründungsebenen 16
3.1 Ein Blick in die Kirchengeschichte 16
3.2 Gott als der Bewegende: Theologische Aspekte 18
3.3 Leiblichkeit und Bewegung: Anthropologische Urtatsachen 21

4 Tanz und Bewegung in Bibel und Gesangbuch 22
4.1 Zum Umgang mit biblischen Texten .22
4.2 „tanzen, springen, hüpfen...“: Eine kleine Statistik 23
4.3 Ein Blick ins Evangelische Gesangbuch 24

5 Konkrete Schritte 25
5.1 Möglichkeiten von Bewegung im Gottesdienst: Einen Anfang wagen 25
5.2 Gesten und Gebärden: Vertraute Formen leiblichen Betens 27
5.3 Womit tanzen wir? Unser Körperinstrument 28
5.4 Vom Improvisieren zum Gestalten: Eine Gruppe bereitet sich vor 29
5.5 Einbeziehung der Kirchenmusik 32
5.6 Einige praktische Hinweise 33

II. Bewegungs-Praxis. Die Durchführung 36

1 Gesten - Haltungen - Gebärden 36
„Nun danket alle Gott mit Herzen, Mund und Händen..." (EG 321,1)

1.1 Liturgische Gesten und Haltungen - Anregungen zum bewussten Nachvollziehen und Ausprobieren 36
1.2 Psalm 23 als Gebärde 38
1.3 Vaterunser als Gebärde 40
1.4 Segens-Handlungen/ Bewegte Segensworte 41

2 Lieder und Liedtänze 46
„Wir haben gesungen, aber ihr habt nicht getanzt." (Matthäus 11,17)

2.1 Lieder, die vom Tanzen handeln 46
2.2 Liedtänze zu liturgischen Gottesdienstelementen 54
2.3 Liedtänze zu biblischen Worten 60
2.4 Tänze zu Liedern aus dem Evangelischen Gesangbuch 65

3 Tänze 71
„Du hast meine Klage verwandelt in einen Reigen." (Psalm 30,12)

3.1 Tänze zur Liturgie 71
3.2 Biblische Texte in Tanz umgesetzt 73
3.3 Tänze zu biblischen Themen 80

4 Texte 86
„Siehe, da ich die Stimme deines Grußes hörte, hüpfte mit Freuden das Kind in meinem Leibe." (Lukas 1,42)

4.1 Aphorismen und Lyrik 86
4.2 Liedstrophen und Bibelverse 100
4.3 Gebete und Texte zur Liturgie 107
4.4 Predigtfragmente, Lesungen und Andachten 114

III. Hilfe-Stellung. Der Anhang 128

1 Wie eine bewegende und bewegte Gottesdienstfeier aussehen kann
1.1 Übersicht: Zuordnung der Praxis-Bausteine (Teil II) in den liturgischen Ablauf eines Gottesdienstes 128
1.2 „Du stellst meine Füße auf weiten Raum“: Ein exemplarischer Entwurf für einen Tanzgottesdienst . . .133

2 Alphabetisches Verzeichnis der Liedanfänge 136

3 Bibelstellenverzeichnis zum Praxisteil 136

4 Biblisches Fundstellenverzeichnis (Konkordanz) zum Thema .137

5 Bibliografie 142
5.1 Literatur zu Tanz und Bewegung im Gottesdienst 142
5.2 Weiterführende Literatur 143

6 Adressen 144
6.1 Die Autoren 144
6.2 Fachkundige Referenten für Bewegungs- und Tanzpraxis .144
6.3 Organisationen 145

7 Quellenverzeichnis 145

Vorwort der Herausgeberin

„Gestaltete Bewegung im Glauben - Körpersprache und Tanz im kirchlichen Raum“. So hieß das Thema der Jahrestagung der Liturgischen Konferenz Niedersachsens in Celle im Jahre 1986. Die Verfasser des vorliegenden Buches haben damals aktiv mitgewirkt.

Die Liturgische Konferenz Niedersachsens freut sich, dass sie nun eine Veröffentlichung zu diesem wichtigen Thema vorlegen kann. Viele sind heute auf der Suche nach ganzheitlichen, sinnerfüllten Liturgien und Gestaltungsmöglichkeiten für den Gottesdienst. Das gerade veröffentlichte Evangelische Gottesdienstbuch enthält einige Vorschläge für eine solche Ausgestaltung. Aber wie man das macht, wird von den beiden Verfassern nun in der Theorie und in der Praxis vorgestellt.

Beide haben schon gemeinsam ihre Diplomarbeit zum Thema „Tanz und Musik in Theologie und Gemeinde“ geschrieben. Beide sind in der Praxis liturgischen Tanzes und liturgischer Bewegung zu Hause.

Möge diese vorliegende Veröffentlichung dazu beitragen, in unseren Gemeinden viele bewegte und bewegende Gottesdienste zu feiern.

Für die Liturgische Konferenz Niedersachsens

Joachim Stalmann　　　　Werner Reich

Vorwort der Autoren

In die Kirche ist Bewegung gekommen: In vielen Orten und Gemeinden haben der Tanz und andere leibliche Ausdrucksweisen in den letzten Jahren auch in den Gottesdienst (Wieder-)Einzug gehalten. Diese Entwicklung verdient es, beachtet und vertieft zu werden, weil sie helfen kann, das Wesen des Gottesdienstes besser zu erfassen und diesen intensiver zu feiern. Dazu will dieses Buch hinführen, verstehen helfen und zu eigenem Tun anregen.

Trotz des begrenzten Platzangebotes haben wir hier versucht, einen umfassenden Einblick in den Gesamtthemenbereich zu geben. Schwerpunktmäßig finden sich im Teil II Praxisbeispiele. Wir fassen dabei den Bewegungsbegriff sehr weit - von der Haltung über die Gebärde bis hin zum strukturierten oder freien Tanz - und beziehen dabei natürlich ebenso sprachliche und musikalische Aspekte mit ein. Wer sich dem Thema erst einmal mehr theoretisch annähern möchte, findet im Teil I sowie im Teil III Anregungen und Hilfestellungen.

Wenn auch der Sonntagsgottesdienst nach dem Gottesdienstbuch bei dieser Veröffentlichung Ausgangspunkt ist, eignen sich doch viele Elemente, Lieder und Texte ebenso für „Sondergottesdienste", Seminare, Gruppenarbeit und für Gemeindefeste. Vieles davon lässt sich auch in den katholischen Raum übernehmen.

Zweifellos ist Tanz im Gottesdienst ein anspruchsvolles Unterfangen, jedoch lohnenswert, denn leiblicher Ausdruck und leibliche Erfahrung sind wesentliche und elementare Komponenten des menschlichen Miteinanders und des religiösen Tuns. Es gibt noch viel zu wenige, die es wagen, sich auf diesen Weg einzulassen. Sicher ist: Der Tanz hat in die Liturgie viel einzubringen! Man muss nur etwas dafür tun - und einmal anfangen. Dazu laden wir herzlich ein und wünschen Mut und Fantasie für bewegende Gottesdienste!

Manfred Büsing   Holger Kiesé

Hannover und Engelbostel, im Herbst 2000

ich liebe den tanz
denn er befreit mich
von der starre des alltags
führt mich vom alleinsein
in das zusammensein

ich liebe den tanz
der mich in anspruch nimmt
und beschenkt mit
klarheit, lebendigkeit und wohlgefühl

der tanz verwandelt mich
und meine umgebung
in der ich so oft
in den zeiten meines daseins
zerrissen und zerrieben werde

der tanz dagegen führt
mich wieder zusammen
lässt mich mitte ahnen
macht meinen schritt leichter
weil ich freier werde
und ohne angst
mich loslassen kann

der tanz begleitet mich
in meinem suchen
nach weitem raum und klaren grenzen

ich liebe den tanz

üben wir also weiter
das bewegende zu tanzen
wie im himmel
schon auf erden

Manfred Büsing
nach einem Augustinus zugeschriebenen Text (s. II.4.1)

I. Grund-Legung. Eine Einführung

I 1 Die bewegte und bewegende Gemeinde - eine Vision?

Ich träumte, ich betrat die Räume einer Kirchengemeinde. „Ach bitte," fragte ich eine Frau, „wo finde ich denn den Pfarrer?" „Tut mir leid," antwortete sie, „der ist auf einer Fortbildung für Gemeindetanz. Aber schauen Sie sich hier doch ein wenig um." So nahm ich zuerst einen Gemeindebrief und blätterte ein wenig: Da waren die Gruppenangebote. Neben dem vielen Altbekannten, las ich da z.B.: Bibeltanzkreis - biblische Texte mit Tanz und Bewegung erleben und begreifen...
Und es gab eine Vorbereitungsgruppe: Getanzte Liturgie im Gottesdienst mit allen. Und ab und zu schien sich eine Gruppe zu treffen, die den Pfarrer entlasten wollte, eben Teile der Predigtverkündigung zu tanzen. Interessant, dachte ich und legte das Blatt zur Seite.

Ich ging durch das Gemeindehaus und öffnete ein paar Türen. „Seelsorge- und Leibsorgeraum" stand da an einer. Ein großer, freundlicher, heller, warmer Raum lag hinter der Tür. Musik, eine Kerze in der Mitte. Drei Menschen tanzten. Ich wollte nicht stören, ging hinaus. Später erfuhr ich, dass hier ein Tanztherapeut mit einem Paar getanzt und gearbeitet hatte.

An einer anderen Tür stand „Sitzungszimmer". Ich lauschte: „Also, wir müssen das nochmals durchdiskutieren. Was ist denn nun liturgisches Tanzen? Worum geht es denn eigentlich hier? Das müssen wir jetzt reflektieren!" Aha, dachte ich, hier wird theoretisch an einer Grundlegung gearbeitet, gesprochen und nachgedacht - auch sehr wichtig!

Eine Frau kam kurze Zeit später aus diesem Raum. Ich fragte sie, was sie denn hier so macht. „Ich bin in dieser Gemeinde Saltatorin mit einer halben Stelle." „Bitte, was?" fragte ich. Geduldig antwortete sie: „Neben der Kantorin, die für die Kirchenmusik zuständig ist, bin ich für den Kirchentanz verantwortlich, für Koordination und Animation. Meine Berufsbezeichnung leitet sich ab von saltatrix (lat.) - die Tänzerin. Aber jetzt entschuldigen Sie mich bitte, ich leite gleich ein Seminar für Kirchenmusiker und Kirchenmusikerinnen, Diakone und Diakoninnen, und danach kommt noch eine Gruppe von Vikaren und Vikarinnen - damit auch die schon was vom Tanz begreifen. Toll, dachte ich im Weitergehen - dass es so etwas gibt!

Ich kam in den Kirchenraum. Der Küster schraubte gerade fröhlich pfeifend ein paar Kirchenbänke ab. „Endlich kommen diese starren Dinger mal raus. So gibt es Platz für Bewegung". „Genau", sagte ich. Mein Blick fiel auf ein Plakat: Österliches Tanzkonzert für Laiengruppe und Ballett, Eintritt frei. „Da gehe ich hin", sagte ich. Am Ende des Rundganges geriet ich in den Gemeindesaal. Eine große Menschenmenge tanzte versunken und doch ganz präsent im Kreis. Hand in Hand, ohne ein Oben und Unten. Ich entdeckte Freunde aus der evangelischen, aus der katholischen Kirche, aus den Freikirchen und Menschen, die ich sonst noch nie in der Kirche gesehen hatte. „Das ist unser Ökumenischer Tanzkreis", wurde mir erläutert, hier klappt die Ökumene mal. Wir lassen den Mund für eine Zeit schweigen und dafür den Körper sprechen. Der Kreis öffnete sich, ich wurde eingeladen, mitzutanzen.

In diesem Moment klingelte der Wecker - ich hatte nur geträumt. Ein bewegungsarmer Kirchenalltag lag vor mir. Aber ich dachte, man sollte es doch versuchen, ein wenig von dieser Vision zu verwirklichen. So sprang ich aus dem Bett - übrigens gegen den Uhrzeigersinn, aber der Sonne entgegen.

Manfred Büsing

I 2 Tanz und Gottesdienst: Die Liturgie kommt in Bewegung

2.1 Tanz als echte gottesdienstliche Handlung

Tanz im Gottesdienst wird bereits vielerorts als eine wichtige Möglichkeit der Gestaltung gottesdienstlicher Feiern praktiziert.

In der Geschichte hat die Kirche ein überwiegend negatives Bild vom Tanz geprägt und sich darum nicht weiter mit den eigentlich unbestreitbaren Qualitäten von Tanz beschäftigt. Tanz ist ja nicht auf Vergnügen und Unterhaltung beschränkt: In den letzten Jahrzehnten hat man endlich damit angefangen, den Tanz als eine Bereicherung für Gebet und Gottesdienst zu begreifen.

Tanz mit seiner Vielfalt an Ausdrucksmöglichkeiten und mit seinem Formenreichtum vermag in der Feier Empfindungen von Freude bis Klage zuweilen besser als Worte auszudrücken. Tanz stellt dar und interpretiert. Tanz kann aber auch sehr verinnerlicht und verinnerlichend sein: So eignet sich Tanz in eindrücklicher Weise zum Gebet, zur Verkündigung, zur Gestaltung von Prozessionen und Symbolhandlungen sowie zur Meditation.

Tanz im Gottesdienst darf nicht missverstanden werden als nette Auflockerung oder als bessere Kinderbeschäftigung. Vielmehr stellt er ebenso wie der Gesang oder die Wortverkündigung usw. eine echte gottesdienstliche Handlung dar und sollte - genau wie andere Formen auch - daran gemessen werden. Tanz in der Liturgie ist seinem Wesen entsprechend dort sinnvoll und wünschenswert, wo er den Ausdruck oder die Erfahrung des gottesdienstlichen Tuns steigern, verdeutlichen und vermehren kann. Von daher bestimmt sich seine Aufgabe und seine Bedeutung im Gottesdienst: Der Tanz kann - und soll - zur Qualität der Liturgie beitragen!

Einige dieser Grundgedanken wurden durch das Faltblatt „Kirche in Bewegung", herausgegeben vom „Arbeitskreis Bewegung in der Liturgie" (ABL), inspiriert. Es wurde maßgeblich von Gereon Vogler gestaltet und ist bei ihm noch erhältlich (Adresse: s. Seite 144). Mittlerweile ist durch ihn auch das erste Kirchentanzportal (www.kirchentanz.de) eröffnet.

2.2 Wer bewegt sich wonach?

Nachstehende Schaugrafik soll einen Überblick über die Möglichkeiten und den Einsatz von Tanz und Bewegung im Gottesdienst geben, unter der Fragestellung: <u>Wer</u> bewegt sich <u>wonach</u>, <u>wie</u> (in welcher Weise), <u>wo</u> (an welchem Ort) und <u>wozu</u> (zu welchem Zweck)?

Wer...

Gemeinde
oder
Gruppe

→ Kinder, Jugendliche, Erwachsene, - ***oder*** a l l e

→ aus der Gemeinde heraus ***oder*** von außen geholt

bewegt sich...

Äußere Bewegtheit durch Selbermachen

oder

Innere Bewegtheit durch Zusehen

wonach...

nach einem Lied, Kanon, Singspruch
nach einer Erzählung
nach einem Bibelwort
nach einem Bild
nach einer Musik
-> instrumental oder vokal
-> Musikgruppe/ Band
-> CD, Tonträger
-> Orgel/ Keyboard/ Klavier
-> Orff'sches Instrumentarium
-> Körper-Percussion
-> Chor, solistischer Gesang
-> Posaunenchor

wie...

frei	***o***	strukturiert
genau pantomimisch	***d e***	spontan improvisierend
im Sitzen	***r***	im Stehen

wo...

Im Gemeindehaus | ***oder*** | In der Kirche

am Platz | | im Raum

wozu... ?

als Verkündigung
zur Kontemplation, Entspannung
zum Erfahrungen machen
zum Ausdruck geben
aus Spaß und zur Freude

2.3 Tanz in der Liturgie: Zehn zusammenfassende Thesen

1. Tanz ist ein uraltes Kommunikationsmittel des Menschen. Er steht ursprünglich in enger Verbindung mit dem Kult.

2. Auch in den liturgischen Feiern der jüdisch-christlichen Tradition hatte der Tanz ursprünglich seinen Platz.

3. Da wir heute weitgehend unsere Eindimensionalität, unsere Verkopfung beklagen, ist es für uns heute eine wichtige Aufgabe, weitere Dimensionen zu entdecken: vom Kopf zum Körper. Liturgischer Tanz ist nicht einfach ein Trick, Menschen in die Kirche zu locken, sondern steht im Zusammenhang mit diesem Bemühen.

4. Unter Tanz ist der Ausdruck bestimmter Gefühle, Zustände, Handlungen in körperlicher Bewegung zu verstehen.

5. Auf der Suche nach einer uns angemessenen Art, in der Liturgie zu tanzen, können wir nicht einfach afrikanische oder asiatische Formen übernehmen.

6. Liturgischer Tanz sollte aus der Improvisation erwachsen. Die Übernahme bestehender Bewegungssysteme (z.B. Klassischer Tanz, Jazz Dance) engt die Möglichkeiten zu sehr ein und erschwert zugleich den Mitvollzug der Gemeinde.

7. Die Gemeinde soll mit einbezogen werden, aktiv oder innerlich (innerlich mittanzen) oder beides kombiniert. Der Tanz soll daher mit Bewegungssymbolen arbeiten, die so elementar sind, dass sie jede/r emotional mitvollziehen kann.

8. Der Tanz im Gottesdienst soll sich funktional in die Liturgie einfügen. So wie Gottesdienst kein Konzert ist, ist er auch keine Ballettveranstaltung.

9. Der Gottesdienst bietet zahlreiche Orte und Möglichkeiten für Tanz und Bewegung, z.B.: Eröffnung, Verkündigung, Antwort der Gemeinde, Übergang zum Abendmahl, Friedensgruß, Fürbitten, Segen.

10. Durch den Tanz drückt sich ein Mensch aus, er „spricht". Indem der Mensch spricht, auch durch den Tanz, ist er zugleich Gesprächspartner/in, Vermittler/in und Verkünder/in.

I 3 Begründungsebenen

3.1 Ein Blick in die Kirchengeschichte

Ja, der Tanz, in alten Zeiten,
war ein frommer Akt des Glaubens;
um den Altar drehte heilig
sich der priesterliche Reigen.

Also vor der Bundeslade
tanzte weiland König David;
Tanzen war ein Gottesdienst,
war ein Beten mit den Beinen!

Heinrich Heine[1]

Auch frühchristlichen Gemeinschaften war die Verbindung von Gesang, Instrumentalmusik und Bewegung als Erbe ihres Kulturkreises vertraut. So berichtet eine apokryphe Johannes-Schrift aus dem 2. Jahrhundert, dass Jesus am Abend seiner Verhaftung seine Jünger um sich versammelte, um mit ihnen einen Reigen zu tanzen:

„Und er sprach: 'Bevor ich jenen preisgeben werde, wollen wir dem Vater lobsingen.' Nun hieß er uns einen Kreis bilden, indem wir die Hände ineinander legten, er selbst in die Mitte trat und sprach: 'Respondiert mir mit Amen.' Er begann also einen Hymnus anzustimmen und zu sagen: 'Lobpreis sei dir, Vater!' Und wir, ihn umkreisend, stimmten ihm zu mit 'Amen'. Er begann also einen Hymnus zu singen und zu sagen:

12 Flöten will ich, tanzet alle. - Amen.
13 Ein Klagelied anheben will ich, die Trauergebärde vollführt alle. - Amen.
14 (Die) eine Achtheit lobsingt mit uns. - Amen.
15 Die zwölfte Zahl tanzt oben. - Amen.
16 Dem All zu gehört der Tanzende. - Amen
17 Wer nicht tanzt, begreift nicht, was sich begibt. - Amen.
(...)
28 Wenn du aber Folge leistest meinem Reigen,
29 sieh dich selbst in mir, dem Redenden,

[1] Aus „Atta Troll – ein Sommernachtstraum“, entstanden 1841/42. Insel Verlag, 1983.

30 und wenn du gesehen hast, was ich tue, schweige über meine Mysterien.
31 Der du tanzt, erkenne, was ich tue, weil dein ist
32 dieses Leiden des Menschen, das ich leiden werde.“ [2]

Bei Jürgen Moltmann[3] ist zu lesen, dass es etwa seit dem 6. Jahrhundert in der christlichen Kunst die Figur des Auferstehungstanzes gibt. Der erhöhte Christus reißt die Erlösten durch seinen wehenden Mantel im spiralenförmigen Reigentanz zum Vater empor. Das ist das genaue Gegenbild zu den Figuren des späteren mittelalterlichen Totentanzes, in denen der Sensemann mit Kaiser, Papst, Edelmann, Bauer und Knecht zur Grube fährt. Der Auferstandene, der diese Eschatologie der Freiheit eröffnet, ist selbst, wie Hippolyt sagte, „der Vortänzer im mystischen Reigen“ und die Kirche ist seine „mittanzende Braut“.

Im „Werkbuch zum Evangelischen Gesangbuch“[4] ist nachzulesen, dass man im Mittelalter in Bischofskirchen zu Ostern Ball- und Tanzspiele veranstaltete, entweder im Kreuzgang oder in der Mitte des Kirchenschiffes. Daran erinnern heute noch die in den Boden vieler großer Kathedralen eingelegten riesigen Labyrinthe aus lasierten Ziegeln. Wie das griechische Wort „labyrinthos“ ursprünglich einen Tanz meinte, dessen Choereografie der späteren grafischen Figur entsprach, so hatten diese Kathedral-Labyrinthe Funktionen im Gottesdienst: Seit dem 11. Jahrhundert tanzte der Bischof in Chartres im Anschluss an die Ostervesper zusammen mit den anderen Klerikern einen Ostertanz als Ausdruck der Freude über den Sieg des Lebens. Dabei übergab er einen großen Ball, wohl ein Bild der höhersteigenden Sonne, an den Domdekan, der dann im feierlichen Dreischritt die Gänge des Labyrinths entlang tanzte und dabei den Ball immer wieder in die Luft warf, höher und höher. Die anderen Kleriker folgten ihm in einem Reigen, einer die Arme auf den Schultern des anderen, so wie wir es von Volkstänzen auf dem Balkan her kennen. Dabei sangen sie die alte Ostersequenz „Victimae paschali laudes“ (vergl. Gotteslob 215/ 216).

Genaueres wird auch aus der im 14. Jahrhundert geweihten Kathedrale von Auxerre berichtet, wo der liturgische Brauch des österlichen Ball-

---

2 Aus: E. Hennecke/Schneemelcher: „Neutestamentliche Apkryphen“ Bd. II. Tübingen; 1964, S. 153-157.

3 J. Moltmann: „Die ersten Freigelassenen der Schöpfung“. Kaiser, München, 1971, S. 41.

4 „Werkbuch zum Evangelischen Gesangbuch“, Lieferung III. Vandenhoeck & Ruprecht, Göttingen, 1995, S. 37.

tanzes bis in das 16. Jahrhundert hinein üblich war. Der Dekan stimmte die Ostersequenz an, um dann zum Rhythmus des Liedes im langsamen Dreischritt den Labyrinthweg entlang zu tanzen. Die anderen Mitglieder des Domkapitels fassten sich bei den Händen und tanzten in einem anderen Schrittmaß einen Reigen um das Labyrinth herum. Währenddessen warf ihnen der Dekan einen handgroßen Ball aus dem dunklen Innenraum des Labyrinthes zu.

Auch auf den britischen Inseln tanzte man im frühen Mittelalter den „Osterball". Wahrscheinlich war das österliche Ballspiel in der Kirche weit verbreitet; z.B. wird es auch im Dom zu Erfurt erwähnt. Martin Luther seinerseits hielt sich in seinen Osterpredigten *„nicht viel mit hohen spitzigen gedanken"* auf (1534), sondern drückte die Auferstehungsfreude mit Wendungen aus wie: *„man pfeifft mir eyn reygen, ut sol tanzen"* oder: *„canis mihi ein hübsch liedlein und singt yhm ein tantz, meum sepulchrum est pulcherrimus hortulus..."* (1533).[5]

Im Bereich der protestantischen Kirche hat sich im Laufe der Jahrhunderte das rein Verstandesmäßige, Rationale sehr stark in den Vordergrund gedrängt, so dass das Emotionale nach und nach verdrängt wurde.

In der christlichen Verkündigung besitzt Tanz jedoch auch heute noch einen bedeutenden Stellenwert. Christliche Lehre kann durch Wort, Musik, Gesang, aber eben auch durch Tanz dargestellt und verbreitet werden. Die Entwicklung des Christentums ist eine Auseinander-Setzung mit dem Wort und mit der Sprache, doch mitteilen lässt sich auch ohne Sprache: Die Kunst der Gestik, die Sprache der Gebärden und des Tanzes kann zur Mitteilung bringen, was das gesprochene Wort allein nicht vermag.

3.2 Gott als der Bewegende: Theologische Aspekte

Vorbemerkung

Bewegung in die Kirche bringt zunächst Gott selbst. Der Gott unseres Glaubens ist kein versteinerter statischer Gott, sondern ist der Schöpfergott, der die Initiative ergreift: Er sorgt sich um sein Volk, er geht in

---

[5] ebda., S. 38.

seinem Sohn Jesus Christus den Menschen nach, er wirkt immer wieder neu in uns durch seinen Geist: Gottes Geist bringt Menschen in Bewegung, zu den Menschen zu gehen, in Liebe zu handeln, zu heilen und zu versöhnen. Gottes Geist bewegt Menschen dazu, von ganzem Herzen, mit ganzer Seele und ganzem Leib Gott und sein liebendes Handeln in der Gemeinde feiern zu wollen.

Die bewegende Botschaft Gottes zu feiern, bedeutet, sich die Initiativen Gottes für die Menschen zu vergegenwärtigen, zu handeln und präsent zu sein, wie Jesus Christus gehandelt hat: leibhaftig, spürbar, sichtbar, greifbar, nicht bloß mit Worten.

So sollte christlicher Gottesdienst gestaltet sein, so wird er zu einem bewegenden Geschehen. Nachfolgend sind Ansatzpunkte einer theologischen Grundlegung des Tanzes im Gottesdienst zusammengestellt, unterteilt in systematisch-theologische Aspekte und praktisch-theologische Aspekte.

Systematisch-theologische Aspekte

Gott ist in sich Bewegung:
- Im Vater: Gott setzt uns in Gang, bewegt uns.
- Im Sohn: Gott bewegt sich zu uns und mit uns.
- Im Geist: Gott bewegt sich in uns.

Gott ist in sich Bewegung...:
- ...als Schöpfer, der die Welt formte und trägt und umfasst;
- ...als Sohn, der als Mensch lebte, starb und auferstand;
- ...als Geist, der als Gottes unbegreifbare Kraft in uns weiterwirkt und uns bewegt.

So beweglich und vielfältig ist der eine Gott in seiner Liebe zu uns!

Das Besondere der christlichen Botschaft ist deshalb Bewegung: Mit-Teilung der Hinwendung Gottes zu uns, seines Mit-Gehens in alle unsere Tiefen, seiner völligen Annahme des Menschen, den er als Leib und Seele geschaffen hat. Diese Mitteilung soll eine „Bewegung“ werden, soll anstecken. Die Bewegten sollen ein Bild des Bewegenden werden...

Praktisch-theologische Aspekte

Der Gottesdienst kann und soll ein Kristallisationspunkt des Gemeindelebens sein, d.h. des Miteinanders der von Gott, der vom Glauben „Bewegten". Gottesdienst ist wesentlich Begegnung, Gespräch, Kommunikation:

- der Gemeindeglieder untereinander und mit den Christen in aller Welt;
- der Einzelnen und der Gemeinschaft mit Gott;
- Gottes mit dem Einzelnen und der Gemeinschaft.

Die älteste, unmissverständlichste und in der menschlichen Entwicklung ursprünglichste Form der Kommunikation ist die Körpersprache; älteste Kulturform dementsprechend der Tanz. Mit zunehmender Erziehung und Bildung ist diese Sprache bei den meisten von uns verkümmert. Sie wiederzuentdecken, kann einen Schritt in die Tiefe unserer Seele - und unseres Leibes, d.h. in der leibseelischen Ganzheit bedeuten.

Deshalb kann Tanz im Gottesdienst bedeuten: Als ganzer Mensch vor Gott sein, mit Gott in Beziehung sein, im Gebet ganz da sein, mich in der Tiefe öffnen, als Einzelne in Gemeinschaft mit Gott verbunden sein.

Fazit

Als Abbild des Wesens von Christentum und dessen, was wir von Gottes Bewegung hin zu uns erfahren, ist Tanz eine angemessene Ausdrucks- und Eindrucksform.- Als Sinnbild der Beziehung des Einzelnen zu Gott, zur Gemeinschaft und der Gemeinschaft miteinander und zu Gott ist Tanz eine angemessene Form der Glaubenserfahrung im Eindruck und Ausdruck.

Tanz im Gottesdienst ist als nicht sakramentales (d.h. die Gegenwart Gottes vergegenwärtigendes) Handeln, sondern verkündigendes, anrufendes und antwortendes Ver-Halten der vom Glauben bewegten Menschen.

Tanz im Gottesdienst kann als Ausdrucks- und Eindrucksform der Musik (der künstlerisch gestalteten und dem „schlichten" Gemeindegesang) entsprechen, ist aber, weil den ganzen Menschen fordernd und ansprechend, elementarer als sie.

3.3 Leiblichkeit und Bewegung: Anthropologische Urtatsachen

Wenn wir eine anthropologische Begründungsebene bedenken wollen, brauchen wir gar nicht die Frühzeit des Menschen zu zitieren. Um Belege für ein ursprüngliches Ineinander von Gesang und Tanz, von Rhythmus und Bewegung zu finden, reicht der Blick auf spielende Kinder. Sie bedienen sich vorhandener Melodie- und Bewegungselemente, um Stimmungen auszudrücken, Erlebtes zu verarbeiten und zu erzählen.

Leiblichkeit und Bewegung sind anthropologische Urtatsachen. Sie sind Grundphänomene, die in einer direkten Beziehung zueinander stehen, ohne die Leben nicht denkbar wäre: unsere Leiblichkeit äußert sich in Bewegung; Bewegung ihrerseits ohne Leiblichkeit ist nicht möglich. „Unser Sein vollzieht sich in der Sphäre der leiblichen Wirklichkeit“ (Teresa Berger).[6]

Auch die Möglichkeit zur Kommunikation ist uns erst in unserer Leiblichkeit gegeben, die Möglichkeit des Eindruck-machens und Eindruck-gemacht-bekommens, denn nur durch den Leib stehen wir mit der Welt und mit der Beziehungswirklichkeit in Kontakt. Sie ist die Daseinsbedingung, die Begegnung erst ermöglicht. Es wäre verkürzt, den Leib als außersprachliches Kommunikationsmittel nur als sprachbegleitend oder sprachergänzend zu sehen, denn er hat selbst eine unmittelbare Ausdrucksweise. Teresa Berger dazu: „Man bedenke nur, wie im Alltag körperliche Ausdrucksweisen erlebt und ausgelegt werden. Selbst Denkmuster und Einstellungen manifestieren sich auf diese Art und Weise, z.B. wenn man einen großen Bogen um einen Behinderten schlägt oder die Nase rümpft, wenn man neben einem Ausländer steht. Der Leib als Ort der Begegnung ist immer auch Träger von Ausdrucksqualitäten.“[7]

Bei der großen Fülle von möglichen Bewegungen bietet uns die Bewegungspsychologie und -physiologie die Unterscheidung in Handlungsbewegung und Ausdrucksbewegung an. Erstere ist zielgerichtet und sukzessiv, letztere ist zweckfrei und trägt ihre Bedeutung in sich. An einem Beispiel lässt sich das am einfachsten verdeutlichen: Die Ausdrucksabsicht ist verschieden, wenn ich nach einem Stift greife (Hand-

[6] Teresa Berger: „Liturgie und Tanz“. EOS Verlag, Erzabtei St. Ottilien, 1985, S. 3.
[7] ebda., S. 4.

lungsbewegung) oder einem mir bekannten Menschen zum Gruß die Hand reiche (Ausdrucksbewegung). Natürlich gibt es doppelsinnige Bewegungen, bei denen keine eindeutige Trennungslinie gezogen werden kann.

Abschließend sei noch kurz eine lernpsychologische Begründungsebene für Tanz und Bewegung im Gottesdienst erwähnt. In seinem Buch „Kleine Leute - große Töne“ (Verlag Junge Gemeinde) schreibt Siegfried Macht: „Wir wissen inzwischen, wie wenig der Mensch von dem behält, was er nur hört, nur liest oder nur sieht. Gefühle und vor allem das, was er selbst getan hat, behält er viel mehr im Gedächtnis. So ist in vielen Bereichen unserer Gesellschaft und unseres Lebens, wo es ums Lernen geht, die Forderung nach einer ganzheitlichen, alle Sinne ansprechenden Pädagogik unüberhörbar - das gilt bis in die Schulungsebenen des Topmanagements hinein.“ Somit geht es - auch bei Tanz und Bewegung im gottesdienstlichen Geschehen - nicht um die zu rechtfertigende Einführung einer Neuheit, sondern vielmehr um die Wiederherstellung einer bereits vorhandenen Selbstverständlichkeit (s. Kap. 3.1).

I 4 Tanz und Bewegung in Bibel und Gesangbuch

4.1 Zum Umgang mit biblischen Texten

Die Sprache der Bibel redet in kräftigen, farbigen, satten Bildern. Sie lebt von Symbolen und Zeichen. Sie ist voller Tiefe, Weite und Höhe. Sie ist keine Zwecksprache, keine „Bemächtigungssprache“, die die Dinge „auf den Begriff bringen“ und so „in den Griff kriegen“ will.

Die Sprache der Bibel lädt ein zum Verweilen, zum Sehen und Hören, zum Schmecken und Wahrnehmen. „Wahrnehmen“ heißt: Das Wahre nehmen, es in die Hand nehmen, von allen Seiten betrachten, befühlen, abhorchen, beschnuppern. Die Sprache der Bibel redet nicht nicht nur den Verstand an, sondern den ganzen Menschen. Sie erwartet Öffnung, Hingabe, ganzes Dabei-Sein (inter-esse). Sie möchte in die Dinge hineinführen, nicht über sie hinweg zu irgendwelchen Zielen.

Der Sprache der Bibel gehört wesenhaft das Wiederholen an. Sie begreifen, das „heißt ernst, tief und sorgfältig denken, eigentlich im Herzen wiederkäuen“ (Martin Luther). Wiederkäuen ist ein intensiver Wiederholungsvorgang; er meint: immer wieder (hervor-)holen, erneut

verweilen, wahr-nehmen. Es heißt auch: Mit einem Text um-gehen, umhergehen, ihn mitnehmen auf die verschiedenen Wege unseres Lebens; ihm nach-gehen und ihn uns nachgehen lassen.
Meditativer Umgang mit biblischen Texten hat viel mit Bewegung zu tun. Körperliche Bewegung kann biblische Texte neu erschließen. Nicht die schnelle, eilige Bewegung, die nur dem Erreichen eines Zieles dient, sondern die ein-gehende, verweilende Bewegung, die geatmete, in der das Innere sich öffnet und erschließt. Was mich bewegt, das darf mich in Bewegung bringen.

Viele zentrale Worte der Bibel sind „Bewegungs-Worte". Viele Geschichten erzählen anschauliche Bewegungsvorgänge. Man kann mitgehen, dabei-sein, kann staunend mit-erleben, mit-fühlen und mithören. Als Beispiele seien genannt: Lukas 7, Verse 11 bis 17 (Der Jüngling zu Nain); Lukas 14, Verse 16 bis 23 (Das große Abendmahl); Matthäus 13, Vers 44 f (Vom Schatz im Acker); Matthäus 15, Verse 21 bis 28 (Die kanaanäische Frau).

Und viele zentrale Worte der Bibel sind „Bild-Worte". Man kann sie betrachten wie ein Bild. Nicht nur mit einem flüchtigen Blick, sondern man kann „sich hinein-sehen", sich selbst darin entdecken. Man kann den Duft einer Blume riechen, einen Baum rauschen hören, ein kühles Wasser spüren...

Bild und Bewegung gehören zusammen. Man kann in einem Bild spazieren gehen, sich hinein begeben, die eigene Geste suchen, die dem Bild entspricht. Wer sich so einlässt, wird selbst eingelassen wie in einen Raum. Er kann - ganz unmittelbar - dem begegnen (auch ein „Bewegungs-Wort"), was „dort" gesagt, getan wird.

4.2 „tanzen, springen, hüpfen...": Eine kleine Statistik

Was hatten David, Mirjam, Moses und Jesus gemeinsam? Sie liebten den Tanz! Reigentänze, Prozessionen und Rundtänze waren als intensive kultische Formen zur Zeit des Alten und Neuen Testaments gebräuchlich. S. Macht (a.a.O.): „Wir lesen von Mirjam, der Prophetin, die singend und tanzend die Rettung am Schilfmeer feierte (2. Mose 15,20) und von David, der als König halb bekleidet vor der Bundeslade, dem Allerheiligsten, tanzte (2. Samuel 6). Jesus verwandelte bekanntermaßen auf einem Hochzeitsfest Wasser in Wein, bei dem sicher auch getanzt wurde. Und Jesus verwendet die Kinder, die weder

klagen noch tanzen wollten, als negatives Bild für die Halbherzigen seiner Zeit (Lukas 7,31 f)."
Wer nun den Tanz der Salomé oder den um das Goldene Kalb als Negativbeispiele für Tanz ins Feld führt, vergisst einerseits die zahlreichen positiven Beispiele in der Bibel und andererseits, dass die Verurteilungen des Tanzes nie den Tanz als solchen betreffen, sondern seine Entgleisungen. S. Macht (a. a. O.): „Ist es nicht gar vorstellbar, dass sich Moses, als er mit den Zehn Geboten vom Berg herunter kam, auf einen wundervollen Lobtanz freute? Ein Tanz um die Gebote des Gottes, der sie aus der Knechtschaft in Ägypten befreit hatte? Sein Zorn traf nicht den Tanz, sondern das Goldene Kalb als das falsche Zentrum. Wenn wir - damals wie heute - uns in der intensiven Form eines Rundtanzes bewegen, wollen wir dabei deutlich werden lassen, um welche Mitte wir tanzen." Für uns ist dies - ganz im Sinne des ersten Gebotes - Gott, der Schöpfer und Beweger, auf den wir ausgerichtet sind und von dem wir uns bewegen lassen.

Wer sich auf die Suche nach „bewegenden Worten" in der Bibel macht, wird schnell fündig. Nachfolgende Auflistung bezieht sich auf die Luther-Übersetzung von 1984.

Vom *„Reigentanz"* lesen wir 4 mal in der Bibel, vom *„Reigen"* an sich gleich 15 mal. Das Wort *„Tanz"* lässt sich 2 mal finden, *„tänzeln"* 1 mal, dagegen das Verb *„tanzen"* 16 mal, in all seinen Konjugationen und Singular-/ Pluralformen. Ganze 30 mal taucht der Begriff *„springen"* auf. Genau 10 mal finden wir in der Heiligen Schrift das Wort *„hüpfen"* in allen Formen, den Begriff *„Gebärde(n)"* 2 mal. Und schließlich ist in der Bibel 1 mal von *„Bewegung"* und 23 mal von *„bewegen"* die Rede. Im Anhang dieses Buches befindet sich ein Fundstellenverzeichnis (Konkordanz) zu all diesen Begriffen, und im Praxisteil sind in Kap. 4.2 ausgewählte Bibelverse abgedruckt.

4.3 Ein Blick ins Evangelische Gesangbuch

Zunächst - wie oben für die Bibel vorgenommen - auch hier ein Blick in die Gesangbuch-Konkordanz auf der Suche nach Fundstellen „bewegender Worte": Im Stammteil des Evangelischen Gesangbuches ist allerdings die Ausbeute weit geringer als in der Heiligen Schrift: Je 1 mal finden wir „Tanz" (EG 399,7) und „tanzt" (EG 509,4). Vom „Reigen" singen wir 2 mal: EG 151,2 und - verstanden als Totentanz - in EG 363,4. Der häufigste Begriff ist „springen" mit 12 Fundstellen, dazu „springt“ mit 6 mal. Nur 1 mal „hüpft“ es (EG 286,4). Von „schreiten“ wird 3 mal gesungen: EG 64,6; EG 237,3 und EG 423,6. Schließlich kommt das Wort „bewegen“ 1 mal vor (EG 496,1) und „bewegt“ weitere 8 mal. Im Praxisteil unter Kap.4.2 sind einige der hier aufgeführten Liedstrophen abdruckt.

Manch alter Choral (bekannte Beispiele „In dir ist Freude in allem Leide“, EG 398; „Wie lieblich ist der Maien“, EG 501) trug vor seinem geistlichen Gewand schon ein sehr weltliches und entlieh seine Melodie einem Lied auf die eine oder andere Jahreszeit oder die Liebe, so S. Macht (a. a. O.). Einige Melodien waren ursprünglich gar Tanzweisen, was sprachgewaltige Dichter wie Martin Luther keineswegs abhielt, ihnen theologisch Gewichtiges anzuvertrauen. Andere Choräle wiederum (z.B. „Vom Himmel hoch, da komm ich her“, EG 24) hatten in Text und Melodie Kinderspiellieder als Vorläufer und wurden zu Kirchenliedern umgetextet.

Lieder (wie das älteste überlieferte deutsche Passionslied „Ehre sei dir, Christe“, EG 75) sind ursprünglich Prozessionslieder gewesen. So wurde das Lied „O Traurigkeit, o Herzeleid“ (EG 80) laut dem katholischen Gesangbuch David Corners (1631) zum Ritus der Grablegung gesungen, in dem am Karfreitag ein mit weißem Schleier bedecktes Kruzifix in feierlicher Prozession in eine Seitenkapelle gebracht wurde. Eine der ausgesprochenen Tanzweisen ist z.B. die spätere Melodie von „O Haupt voll Blut und Wunden“ (EG 85). Hier begegnen wir einer Allemande, einem langsamen und recht schwermütigen, prozessionsartig ausgeführten Tanz. Bei dem bekannten Osterlied „Wir wollen alle fröhlich sein“ (EG 100) handelt es sich hingegen um einen Saltarello, einen schnellen, lebhaften und vor allem fröhlichen Tanz, der durchgehend mit schnellem Wechselschritt (lang/kurz/lang) und anschließendem Hüpfer getanzt wurde.

I 5 Konkrete Schritte

5.1 Möglichkeiten von Bewegung im Gottesdienst: Einen Anfang wagen

Gottesdienst mit dem ganzen Körper: Wenn Tanz den Gottesdienst in besonderer Weise bereichern und vervollständigen kann, ist es nur folgerichtig, ihn in der Gestaltung des Gottesdienstes ernst zu nehmen. Tanz für den Gottesdienst zu gestalten, ist nicht leicht: Hier verfügen wir nicht über eine Tradition wie z.B. in der Kirchenmusik. Es gibt auch keine entsprechende Ausbildung. Die Unsicherheit über das Was und Wie bei der Bewegung in der Liturgie verleitet häufig dazu, liebgewordene Tänze und Musik z.B. aus dem Meditativen Tanzen in den Gottesdienst zu übernehmen oder Lieder einfach pantomimisch umzusetzen. Genauso wenig, wie man ein Gebet oder ein Lied von einem Tonträger in den Gottesdienst einspielen würde, ist es ratsam, dies beim Tanz zu tun. Sollen die Bewegungsformen eine echte liturgische Ausdrucksweise sein, ist es einfach notwendig, sie von der Liturgie her zu entwickeln.

Was kann und soll man nun aber konkret tun, wenn es jemandem zum Anliegen geworden ist, den Gottesdienst durch leiblichen Ausdruck mitzugestalten? Dazu seien hier ein paar Ansatzpunkte genannt:

Die meisten Vorhaben von Bewegung im Gottesdienst bedürfen einer Gruppe, die die Schritte und Tänze erprobt bzw. einstudiert. Auch Tanz in der Liturgie braucht eine intensive Vorarbeit, bedarf der Vermittlung in die Gemeinde, benötigt Selbstbewusstsein und die Bereitschaft, aus konstruktiver Kritik zu lernen.

Von Anfang an wichtig ist, die Gemeindebeteiligung nicht zu vergessen! Es sind daher von vornherein Formen zu überlegen, die gesanglich, räumlich oder leiblich die Gemeinde spürbar einbeziehen.

Dies kann zunächst durch das Nachvollziehen von ***Gebetsgebärden*** geschehen. So wie vor dem Gottesdienst zuweilen ein neues Lied eingeübt wird, so könnte der Liturg die Gemeinde einladen, mit ihm gemeinsam Gebärden zum Vaterunser, zum Segen oder anderen liturgischen Teilen auszuprobieren und einzuüben.

Ebenso aus dem Sinn der Liturgie ergibt es sich, in einer kleinen ***Prozession*** mit einem unkomplizierten Schrittmuster beispielsweise im Abendmahlsteil Brot und Wein aus der Mitte der Gemeinde zum Altar zu tragen, statt wie üblich die bereitstehenden Gaben lediglich aufzudecken. ***Liturgische Gesänge*** wie das Kyrie, das Gloria und andere werden wegen ihres häufigen Gebrauches oft nur noch schematisch wahrgenommen. Ihr Schwerpunkt liegt anders als bei den Liedern nicht im Text, sondern in einer Grundaussage bzw. in ihrer liturgischen Funktion. Von daher sind solche Gesänge in besonderer Weise dazu geeignet, (von einer Gruppe) getanzt zu werden. Dabei stellt sich tänzerisch die Aufgabe, lediglich die liturgische Grundaussage - etwa das Lob Gottes - in

ihrem Ausdruck zu verstärken.
Auch bei ***Liedern***, die tänzerisch gestaltet werden sollen, kommt es darauf an, nur den Charakter einer Textaussage im Tanz pointiert zum Ausdruck zu bringen, nicht jedoch den Wortlaut pantomimisch darzustellen.

Dieses Prinzip, verbale Aussagen nicht theatralisch nachzuzeichnen oder -zuspielen, sondern charakteristisch zu pointieren und zu interpretieren, gilt grundsätzlich auch für eine ***getanzte Verkündigung***. Ebenso wie eine gesprochene wird eine getanzte Predigt bemüht sein, das Wesentliche der biblischen Botschaft zum Leuchten zu bringen, nur mit dem Unterschied, dass sie sich dabei auch an choreografischen Grundsätzen orientiert.

Und was ist, wenn einmal ein Versuch misslingt? Es kann durchaus einen peinlichen Auftritt geben, bei denen dann alle Vorbehalte gegenüber dem Tanz berechtigt erscheinen. Das trifft aber genauso für die Wortverkündigung zu. Hier wie dort gilt stets der Grundsatz, dass Schwächen und Fehler der Anlass sind, an Verbesserungen zu arbeiten, selbstbewusst fortzufahren, und nicht, es lieber sein zu lassen.

Wenn Tanz im Gottesdienst auch ein anspruchsvolles Unterfangen darstellt, so ist es dennoch lohnenswert: Leiblicher Ausdruck und leibliche Erfahrung sind wesentliche und elementare Komponenten des menschlichen Miteinanders und des religiösen Tuns. Es gilt, einen mutigen Anfang zu wagen!

5.2 Gesten und Gebärden: Vertraute Formen leiblichen Betens

Ganz so neu und unvertraut sind uns der leibliche Ausdruck und die Bewegung im Gottesdienst nicht. Einige wenige Formen gehören zu den traditionellen Gestaltungselementen des Gottesdienstes: Wir stehen oder sitzen abwechselnd und drücken so unsere innere Haltung aus. Wir gehen in den Altarraum zur Abendmahls-Austeilung, geben uns den Friedensgruß, verneigen uns nach der Austeilung, gehen zu unserem Sitzplatz zurück. Und wir erleben Prozessionen zum Einzug. Bei näherem Hinsehen sind uns also Bewegungsformen im Gottesdienst bereits vertraut. Manche Ausdrucksformen sind jedoch allein dem / der Liturg/in vorbehalten, wie bestimmte Gesten und Gebetsgebärden z.B. beim Liturgischen Gruß, zu den Einsetzungsworten, bei der Entlassung / Segen.

Der geringe Umfang der leiblichen Gebetsformen und Handlungs-weisen der Gemeinde wird weder dem ganzheitlichen Wesen des Menschen (das auch nach einem leiblichen Tun verlangt) in der Gottesdienstfeier gerecht noch der Bedeutung der Gemeinde, die sich nicht nur aufs Zusehen beschränkt. Im leiblichen Tun wird die Feier un-gleich tiefer und mit weitaus größerer persönlicher Anteilnahme erlebt.

Von daher besteht offensichtlich - etwa für diejenigen, die sich mit der Gottesdienstgestaltung beschäftigen - einiger Bedarf darin, sich über eine stärkere Ausübung leiblicher Ausdrucksformen im Gottesdienst Gedanken zu machen. Schon mit den bereits vorhandenen traditionellen leiblichen Gebetsformen ist eine lebendigere Beteiligung der Gemeinde und ein intensiveres Erleben der Gottesdienstfeier möglich.

5.3 Womit tanzen wir? Unser Körperinstrument

Zu Beginn eigener Tanzerfahrungen soll mit dem Vorurteil aufgeräumt werden, zum Tanzen bräuchten wir nur unsere Füße. Getanzt wird mit dem ganzem Körper, also mit dem, was uns unmittelbar zur Verfügung steht. Nachfolgende Aufstellung soll verdeutlichen - und zum spielerischen Bewusstmachen anregen -, dass unser „Körperinstrument“ aus vielen Teilen besteht, die alle zu verschiedenen Bewegungsformen beitragen können. Wenn wir wissen, welch vielfältige Bewegungsarten und Variationen wir mit einzelnen Körperteilen ausdrücken und darstellen können, werden wir mit unserem Körper nicht nur bewusster umgehen, sondern ihn auch gezielter einsetzen können.

Die Tanzpädagogin Kerstin Kuppig schlägt Übungen vor, die sich - beliebig ergänzbar - z.B. als Aufwärmphase vor der Erarbeitung eines Tanzes eignen. Dadurch wird sich jede/r der eigenen Möglichkeiten bewusst und kann sie zu entsprechenden Äußerungen heranziehen. Die Übungen lassen zudem jede/n für sich persönlich erfahren, wo seine / ihre Bewegungsmöglichkeiten und -grenzen sind und wobei er / sie sich wohl fühlt, bzw. unwohl. In einem nächsten Schritt kann dann gefragt werden: Was kann ich alles mit diesen Bewegungsqualitäten meines Körpers ausdrücken? Was kann ich mit Händen und Füßen, mit meinem ganzen Körper erzählen und darstellen? Kerstin Kuppig weist auf folgende Möglichkeiten hin:[8]

Kopf: schütteln, kreisen, abwenden, drehen, nicken, senken...
Haare: schütteln...
Hals: hin- und herwiegen, drehen...
Gesicht: Augenbrauen hochziehen, Stirn in Falten legen, Wangen aufblasen, Grimassen schneiden...
Augen: zwinkern, rollen, verschließen, ängstlicher oder trauriger Blick, erstaunter oder fröhlicher Blick...
Mund: weit öffnen, Mundwinkel verziehen, auf die Lippen beißen, schmollen, spitzen...
Schultern: hochziehen, absenken, eindrehen, ausdrehen, schütteln, rollen...
Finger: spreizen, zur Faust ballen, schnipsen...
Hände: öffnen, schließen, kreisen, schütteln, klatschen, streicheln, (ab-)winken, begrüßen, abwehren, (weg-)schieben, bitten, nehmen, auf etwas zeigen, vor das Gesicht legen, fangen, reiben, drücken, zittern, klopfen, abspreizen, rollen, in die Hände pusten, Hände ineinanderlegen...
Arm: strecken, beugen, schlenkern, verschränken, umarmen, einrollen...
Oberkörper: beugen, drehen, zur Seite wenden...
Hüfte: schwingen, ausdrehen, schieben, kreisen...
Beine: schwingen, strampeln, heben, senken, gehen, hüpfen, springen, laufen, beugen, strecken, knien...
Füße: stampfen, trampeln, treten, schleichen, trippeln, zappeln, drehen, abrollen, schwingen, baumeln, strecken, etwas zertreten, aufstampfen (sich behaupten), scharren, ziehen, wippen, kreisen, auf die Spitzen stellen (sich größer machen), Zehen spreizen...

5.4 Vom Improvisieren zum Gestalten: Eine Gruppe bereitet sich vor

Im Folgenden wird beschrieben, wie eine Gruppe Interessierter aus der Gemeinde in drei Phasen von ersten Bewegungsversuchen über freies Improvisieren hin zu tänzerischer Gestaltung von Liturgie kommt.

---

[8] Kerstin Kuppig: „Tanz als Ausdruck des Glaubens“. Lahn-Verlag, Limburg, 1995, S. 100.

Phase I: Befreiung zur Bewegung

● *Voraussetzung:*
- Bereitschaft, sich auf den Versuch einzulassen

● *Praktische Übungen:*
- Entspannung und Sammlung; ich komme zu mir, um zu Anderen kommen zu können; ich konzentriere mich, um mich ausdrücken zu können
- Bewegungserfahrungen machen (Sensibilisierung der unterschiedlichen Körpersinne)
  a. Welche Beziehungen bestehen zwischen Atmung und rhythmischer Bewegung?
  b. Wie gebrauche ich Arm, Kopf, Bein...? Welche Möglichkeiten gibt es, diese Körperteile zu bewegen?
  c. Gefühl für Raum und Zeit...
  d. Welche „Körper-Sprache" habe ich? Schaffung einer „Grammatik" der Sprache Tanz (kein festes System, sondern eine Grammatik, die zu eigenem Erfinden anregt)

- Materialien als Hilfe, um in Bewegung zu kommen und die zur Freude an der Bewegung motivieren (Tücher, Luftballons, Seile, u. a.)

● *Gespräche:*
- über Hemmungen reden und gegenseitig helfen, sie zu überwinden
- Tanz als Urform nonverbaler Kommunikation deutlich machen (historischer Rückgriff mit Erzählungen, Dias...)

Phase II: Improvisieren

Das Improvisieren ist prozessorientiert, im Sinne der Regel: Alles, was ich mache und was authentisch ist, ist richtig; gleichgültig, wie es auf andere wirkt.

● *Aufgabe: Aktive Wahrnehmung und soziale Kreativität*

1. Mich selbst erfahren
   - Welche körperlichen Ausdrucksmöglichkeiten habe ich?
   - Wie reagiere ich auf verschiedene Themen?
   - In welchem Zusammenhang steht meine Reaktion mit früheren Erfahrungen?
   - Je mehr ich mich selber kennenlerne, um so größer ist die Möglichkeit, mich in bestimmten Situationen zu verändern (therapeutischer Aspekt)

2. Andere erfahren

- Vertrauens- und Kommunikationsübungen
- Partnerimprovisation: Geben und Nehmen, Reduktion eigener Möglichkeiten und Einlassen auf fremde Körpersprache, mit dominanten Rollen und ohne Rollenabsprache
- Gruppenimprovisation (setzt Erfahrung von Partnerimprovisation voraus)
- Reflexion der Gruppensituation in Gespräch und Bewegung

3. Umwelt erfahren (in Rezeption und Auseinandersetzung)

- Verhaltens- und Bewegungs-Stereotypen
- Rhythmen, Klänge, Geräusche, Musiken unserer Umwelt
- Themen aus dem allgemein anthropologischen, sozialen und religiösen Bereich
- Rezeption und Verarbeitung der künstlerischen Umwelt
- Arbeit mit Medien und Materialien

Phase III: Tänzerische Gestaltung für die Liturgie

Das tänzerische Gestalten ist produktorientiert. Die Gestaltung sollte aber aus der Improvisation heraus erwachsen. Die Gruppe hat die Chance, ein aktuelles Thema kreativ zu behandeln, statt vom Thema behandelt zu werden.

● *Voraussetzungen:*
- Mut zur Weiterentwicklung
- Bereitschaft, nicht nur im internen Rahmen zu verbleiben

● *Ablauf:*
1. Einigung auf ein Thema

2. Welche Dynamik steht hinter dem Thema?
- Was bedeutet es für mich, wenn wir dieses Thema gestalten?
- Welche psychischen und physischen Assoziationen habe ich bei diesem Thema?
- Was empfinde ich dabei persönlich?
- Was empfinde ich ästhetisch?
- Welche Kraft sitzt hinter dem Thema, die ich weitergeben möchte? (Verständigung darüber in der Gruppe)

3. Wie setze ich dieses Thema und meine Empfindungen dabei in Bewegung um (jeder und jede für sich entsprechend der Rollenverteilung)?

4. Eingliederung in die Gruppe
- Welche Reaktionen löst es aus, wenn ich meine Empfindungen so in Bewegung umsetze?
- Wie kann ich meine persönlichen Gefühle (unter Einbeziehung der Reaktionen) auf die Gruppe übertragen und dort in Bewegung umsetzen?
- Wie kann die Gruppe dieses Thema gemeinsam gestalten?

● *Liturgische Überlegungen:*
- Für wen und zu welchem Anlass soll der Tanz eingebracht werden?
- Welche liturgische Funktion soll er erfüllen?
- Kann die Gemeinde aktiv beteiligt werden?
- Welche weiteren liturgischen Elemente sind noch vorzubereiten?

5.5 Einbeziehung der Kirchenmusik

Bei Tanz und Bewegung im Gottesdienst empfehlen wir, weitgehend auf „Konservenmusik" von CD oder Cassette zu verzichten, zugunsten eines musikalisch-tänzerischen Miteinanders. Abgesehen von möglichen technischen oder raumakustischen Schwierigkeiten, die das Abspielen von elektrisch reproduzierter Musik in Kirchenräumen mit sich bringt, kann eine solche Musikeinspielung ein gewisses Befremden bewirken, zumal wenn dann noch neue und unbekannte Gebärden oder Tanzbewegungen hinzukommen.

Selbst gemachte Musik mit eigenen Kräften ist etwas Gewohntes und hat etwas Vertrautes. In diese „musikalische Geborgenheit" fügen sich dann authentisch die Bewegungsabläufe des Tanzes oder der Gebärde ein. Wie der Tanz, die Bewegung aktuell im Gottesdienst vollzogen wird, so entsteht auch die Musik lebendig und „live" vor Ort im Sinne eines gemeinsamen Prozesses. Denn ein von Tänzern und Musikern miteinander gestaltetes Stück lebt von einer besonderen Dynamik, indem beide Gruppen aufeinander achten und sich im wechselseitigen Agieren und Reagieren beeinflussen. Ein derart gemeinsam gestaltetes Gottesdienstelement kann so für die Gruppe der Tänzer/innen und Musiker/innen wie für die Gemeinde zu einem besonderen Erlebnis und zu einer tiefgehenden (Glaubens-)Erfahrung werden.
Empfehlenswert ist, die musikalischen Begabungen und Eigenmittel

der Gemeinde in voller Breite zu nutzen: Flötenkreis oder Posaunenchor, Kantorei oder Kinderchor, Orffsche Instrumente oder Gitarrengruppe, die Band/Songgruppe oder die alte vertraute Kirchenorgel - alles ist möglich!

Es lohnt sich, weil reizvoll, einmal auszuprobieren, in welcher Weise und mit welchen musikalischen Mitteln am besten ein Zusammen-Gehen von Bewegung und Musik durchführbar ist. Dabei sind gemeinsame Planungen und Absprachen zwischen Kirchenmusiker/in, Küster/in, Pfarramt, Tanzgruppe bzw. Tanz- und Gebärdenanleiter/in und Gottesdienst-Vorbereitungskreis notwendig und selbstverständlich. Die Einbeziehung aller vermeidet Konkurrenzdenken und Missverständnisse, und hilft, dass das Vorhaben von allen Beteiligten gleichermaßen getragen wird.

Dass Tanz und Musik zusammengehören, davon singt der Choral EG 341, eines der schönsten Kirchenlieder Martin Luthers. Er beginnt mit der Aufforderung: „Nun freut euch, lieben Christen g'mein, und lasst uns fröhlich springen, dass wir getrost und all in ein mit Lust und Liebe singen,...". Und im Lobpsalm 150 heißt es in den Versen 3 und 4: „Lobet ihn mit Posaunen, lobet ihn mit Psalter und Harfen! Lobet ihn mit Pauken und Reigen, lobet ihn mit Saiten und Pfeifen!".

Kirchenmusik und religiöser Tanz hängen historisch und etymologisch weit enger zusammen, als man gemeinhin vermutet. So meinte z.B. das griechische Wort „choros", von dem sich die Bezeichnung unserer Kirchenchöre ableitet, ursprünglich einen Tanz. Aus der Geschichte unserer Choräle wissen wir, dass manche Melodie nicht nur weltlichen Ursprungs war, sondern im Mittelalter als Musik zu profanen Tänzen gebräuchlich war (s. auch dazu Kap. 4.3).

5.6 Einige praktische Hinweise

Zur Atmosphäre des Raumes

Eine freundliche, einladende Atmosphäre ist wichtig, gleich, ob es sich um einen Kirchenraum handelt (Tanz und Bewegung im Gottesdienst) oder um einen Seminarraum z.B. im Gemeindehaus. Der Raum sollte nicht zu stark beheizt, aber auch nicht unterkühlt sein. Er sollte gesäubert und gut durchlüftet, des Weiteren nicht zu grell, aber auch nicht zu dunkel beleuchtet sein.

Für eine freundliche Atmosphäre ist eine Fußbodenvase mit knospenden Zweigen oder Blumen hilfreich oder auch eine „gestaltete Mitte" aus bunten Tüchern und/oder einem Kerzenlicht. Für eine Seminar- oder Gemeindegruppe ermöglichen locker in Gruppen gestellte Stühle (kein geschlossener Kreis) das Hinzukommen, Hinausgehen, Pausieren, Zuschauen. (Geborgenheit: ja - Eingesperrtsein: nein!). Das Ankommen im Raum kann beispielsweise so aussehen, dass nach kurzen einführenden Worten zunächst nur gesungen, gesummt oder eine Melodie aufgenommen wird und frei im Raum umhergegangen werden kann, zunächst ohne Kontakt mit anderen aufnehmen zu müssen (s.o. Kap. 5.4).

Zur Tanzhaltung

Detaillierte Beschreibungen der einzelnen Schritte und Bewegungsabläufe sind zu jedem Lied bzw. Tanz genau aufgeführt. Hier einige generelle Hinweise:

Schritte wollen nicht gezählt, sondern als Schrittgruppen („Schwungeinheiten") empfunden werden. Begonnen wird in der Regel mit dem rechten Fuß volltaktig. ***Tanzrichtung***: „Gegensonnen", d.h. der Sonne entgegen (= entgegen dem Uhrzeigersinn). ***Armhaltungen*** (für Kreis- und Reihentänze): Bei der „***V***-Position" sind die Arme nach unten gestreckt - zur Erde orientiert, die Hände gefasst; bei der „***W***-Position" sind die Hände locker in mittlerer Höhe gefasst, die Arme angewinkelt; bei der „***T***-Position" sind die Arme seitwärts gestreckt, die Hände auf näherer Schulter des Nachbarn. Bei der ***Orantehaltung*** werden die Arme seitlich am Oberkörper angewinkelt, die Handinnenflächen geöffnet, die Fingerspitzen dabei leicht nach oben. (Eine jahrtausendealte Gebetshaltung, s. 2. Mose 17,12). ***Kanons*** - gesungen und getanzt - laufen wie folgt ab: Zunächst wird die Kanonmelodie von allen einstimmig gesungen. Bei mehrstimmigem Singen mit auslaufenden Stimmen sind konzentrische Kreise günstig, wobei der Innenkreis beginnt. Schön ist es, wenn die Melodie noch einmal einstimmig erklingt, bis sie evtl. gesummt und ohne Bewegungen (bzw. Kreise dabei auflösen) ausklingt.

Bei der Einübung und Anleitung von Gebärden und Tänzen ist im Rahmen der notwendigen ***Moderation*** immer wieder daran zu erinnern, dass diese Tänze Spiel- und Bewegungsräume für Lebens-Erfahrungen bieten. Sie können dem Leid und der Freude Ausdruck und

Hoffnung verleihen. Sie wollen nicht der Zerstreuung dienen, sondern verstehen sich als eine Form des Gebetes, der „re-ligio“: der Rückbindung an Wesentliches, Ursprüngliches.

II. Bewegungs-Praxis. Die Durchführung

II 1 Gesten - Haltungen - Gebärden

„Nun danket alle Gott mit Herzen, Mund und Händen..."

(EG 321,1)

1.1 Liturgische Gesten und Haltungen - Anregungen zum bewussten Nachvollziehen und Ausprobieren

In diesem Abschnitt werden einige liturgische Gesten und Haltungen aufgeführt und stichwortartig kommentiert, die zum Ausprobieren im Sinne eines bewussten Nachvollziehens einladen wollen. Diese liturgischen Gesten wollen verdeutlichen, bewusst machen und vertiefen. Sie können einerseits Ausdrucksmöglichkeit sein, in der ich mich - über die verbale Sprache hinaus - anderen gegenüber verständlich machen kann. Sie können andererseits Erfahrungsmöglichkeit sein, indem ich für mich selbst bestimmte Sachverhalte verdeutlichen kann.

In diesen Gesten liegt für den / die Liturg/in eine Chance, die Worte weiterzuführen, sie der Gemeinde verständlicher zu machen. Jede/r Liturg/in sollte sich einmal vornehmen, anlässlich eines Gottesdienstes alle eigenen Bewegungsabläufe, Haltungen und Gesten bewusst an sich wahrzunehmen:

- Wie gehe ich zum / vom Altar?
- Welche Gesten unterstützen meine Worte?
- Wie wende ich mich der Gemeinde zu?

Für den/die Liturg/in wie für den Gottesdienstbesucher gilt gleichermaßen: Es bedarf nicht unbedingt eines besonderen „Tanzgottesdienstes", um selber seinem Glauben durch eine kleine Bewegung Ausdruck zu geben oder sich einen Inhalt zu verdeutlichen und somit an sich selbst zu erfahren. Ebenso kann man auch ganz alleine für sich einmal versuchen, durch eine Bewegung oder eine Geste sich etwas vom Gottesdienstgeschehen näher zu bringen.

Dabei wird man einerseits feststellen, dass man schon des Öfteren kleine Bewegungselemente im Verlauf einer Gottesdienstfeier vollzogen hat - nur eher unbewusst oder rituell und weil „es alle machen". Andererseits wird man sicher etwas Mut brauchen, um die eine oder andere Geste auszuprobieren.

Deshalb kann es hilfreich sein, ein bestimmtes „Vokabular“ als Vorgabe und Unterstützung zur Verfügung zu haben. Nachfolgende liturgische Gesten, Bewegungsfragmente und Haltungen sollen eine derartige Hilfe sein und Anregungen bieten, Eigenes zu entwickeln. Die Autoren haben absichtlich Elemente aus dem weiten Umfeld christlicher Kirchen (evangelisch, katholisch, orthodox) sowie dem Judentum zusammengetragen, um eine gewisse Bandbreite der Möglichkeiten deutlich zu machen.

Weg zur Kirche

Bewusster Gang zur Kirche. - Als was und wer komme ich, welche Erwartungen habe ich? - Was möchte ich mitnehmen, was brauche ich, und was bringe ich mit, kann ich geben? - Komme ich als „tanzender David“, als „reicher Jüngling“ oder als Beladener?

Weg in die Kirche hinein

Bewusstes Einziehen, Schreiten. - Musik begleitet mich dabei. - Jetzt bin ich da, im Hause Gottes, und kann nun heimisch werden.

Bewusstes Stehen / Verneigung / Kniefall

Zum Altar, zum Kreuz. - In Richtung dessen, was mir wichtig ist. - Ein Zeichen für Ehre, Lob, Gruß.

Kreuzzeichen

Lebens- und Segenszeichen. - Von Christus für mich. - Angerührt sein.

Friedensgruß

Den Frieden weitergeben. - Von Gott zum Menschen. - Von Mensch zu Mensch. - Frieden handgreiflich.

Gebets-Haltungen

Gott ist gegenwärtig. - Ich spreche zu ihm und er zu mir. - Bewusstes Aufstehen oder bewusstes Hinknien, kleiner werden. - Der Kopf gesenkt oder emporgehoben. - Die Hände gefaltet oder ineinander gelegt.

Hand-Haltungen

Bereit zu empfangen, bereit zu geben. - Offen, geschlossen. - Nach oben, nach unten. - Ruhig, bewegt. - Fest, locker.

Segens-Haltungen

Der Gemeinde zugewandt, Gott zugewandt. - Den Segen mit offenen Armen und Händen empfangen, behalten, weitergeben.

Prozession

Eingang und Ausgang. - Den Kirchenraum durchschreiten. - Um den Altar ziehen. - Zusammen mit der Gemeinde. - Draußen geht es weiter.

Weg aus der Kirche

Mit Musik bewusst hinausgehen, schreiten, tanzen.

Weg nach Hause

Zurück in den Alltag. - Wie bin ich gekommen, womit gehe ich jetzt? - Was hat mich bewegt?

1.2 Psalm 23 als Gebärde

Aus einzelnen Gesten entsteht meine eigene Bewegung(-sfolge), die Gebärde. Sie will die Worte, den Geist eines Textes innerlich und äußerlich unterstreichen, dabei gibt meine innere (Zu-)Stimmung der Bewegung ihren Sinn.

Einer der bekanntesten Bibeltexte ist der 23. Psalm, welchen wir nicht nur sprechend beten, sondern auch als Gebärde erleben können. Er wird miteinander gesprochen. Die Bewegungen, die dem Text folgen, vertiefen ihn. Psalm 23 beschreibt Lebensbilder, Seelenlandschaften und damit Lebenssituationen. Wiese, frisches Wasser, Weg, finsteres Tal, gastliches Haus - diese Bilder nehmen auf eine eigene und allgemeingültige Weise persönliche Lebenserfahrungen auf. Geborgenheit und Vertrauen werden erfahrbar bzw. nachvollziehbar.

Für die Durchführung ist zu bedenken, dass die beschriebenen Bewegungsanweisungen keine starren, „gesetzesmäßigen“ Vorgaben sein wollen. Es ist durchaus möglich, sogar erlaubt und erwünscht, sie situativ, gefühlsmäßig und individuell zu verändern.

Um die Erfahrungen von Nähe und Geborgenheit zu verstärken, ist es gut, sich in zwei Reihen oder in einem kleinen Kreis gegenüber zu stellen. Der Text des Psalmes kann von einem Sprecher, besser noch von allen Teilnehmenden gesprochen werden.

„Der Herr ist mein Hirte, mir wird nichts mangeln."
Hände nach oben erheben, dann links / rechts seitlich herunterführen.

„Er weidet mich auf einer grünen Aue und führet mich zum frischen Wasser."
Die Hände vor dem Körper zusammenführen. Mit den Handflächen über's Gesicht streichen.

„Er erquicket meine Seele."
Hände auf die Herzgegend legen.

„Er führet mich auf rechter Straße um seines Namens willen."
Kleine Gehschritte, bzw. Seitstellschritte nach rechts.

„Und ob ich schon wanderte im finstern Tal, fürchte ich kein Unglück;..."
Stehen; Hände vors Gesicht; dann eine andere Hand suchen,...

„...denn du bist bei mir, dein Stecken und Stab trösten mich."
... die Hand fassen und halten.

„Du bereitest vor mir einen Tisch im Angesicht meiner Feinde."
Linke Hand vom Oberkörper abgewandt, die rechte Hand dem Oberkörper zugewandt.

„Du salbest mein Haupt mit Öl und schenkest mir voll ein."
Über den Kopf des Nachbarn, bzw. des Gegenübers, streichen.

„Gutes und Barmherzigkeit werden mir folgen mein Leben lang,..."
Hände wieder nach oben über den Kopf führen.

„...und ich werde bleiben im Hause des Herrn immerdar."
Die Hände langsam zur Körpermitte führen, dabei eine Schale bilden.

1.3 Vaterunser als Gebärde

Es empfiehlt sich, die Gebärden zunächst mit einer kleinen Gruppe - z.B. von Konfirmanden und Konfirmandinnen, die gerade das Thema „Beten" im Unterricht behandeln - einzuüben. Im Gottesdienst stehen sie in einem kleinen Halbkreis - der/die Liturg/in in der Mitte - am Altar, mit Blickrichtung zur Gemeinde. Die Gemeinde vollzieht parallel zum Sprechen des Vaterunsers die Gebärden der Gruppe mit. Das Gebet sollte ein wenig langsamer als gewohnt gesprochen werden, damit alle Gesten in Ruhe nachvollzogen werden können.

Ausgangshaltung: ineinander gefaltete Hände; Gebetshaltung.

„Vater unser im Himmel,..."
Hände lösen sich, Arme geöffnet nach oben („Himmel") heben („Orante"-Haltung).

„...geheiligt werde dein Name."
Die Arme herunternehmen und die Handinnenflächen aneinander halten (bittende Hände).

„Dein Reich komme."
Mit rechtem Arm und rechter Hand eine ausladende Bewegung von links nach rechts machen (einen Halbkreis beschreibend).

„Dein Wille geschehe, wie im Himmel, so auf Erden."
Beide Hände nach oben („Himmel") nehmen, nebeneinander legen und von dort einen großen Kreis („Erde") beschreiben, bis ...

„Unser tägliches Brot gib uns heute."
...beide Hände zu einer „offenen Schale" zusammentreffen; „empfangende Hände".

„Und vergib uns unsere Schuld, ..."
Hände vorm Oberkörper verschränken (linke Hand auf rechte Schulter, und umgekehrt), dabei den Kopf nach unten senken.

„...wie auch wir vergeben unsern Schuldigern."
Hände von der eigenen Schulter lösen und links und rechts seinem Nachbarn / seiner Nachbarin auf die Schulter legen.

„Und führe uns nicht in Versuchung;“
Hände von den Nachbarschultern nehmen und Fäuste bilden, die sich gegeneinander stellen.

„sondern erlöse uns von dem Bösen.“
Gegeneinander gerichtete Fäuste auflösen zu einander gefassten Händen.

„Denn dein ist das Reich...“
(s.o.) Mit rechter Hand eine ausladende Bewegung von links nach rechts machen.

„...und die Kraft...“
Linken und rechten Arm seitlich anwinkeln; „Muskeln zeigen“.

„...und die Herrlichkeit...“
Arme weit zur Seite öffnen.

„...in Ewigkeit. Amen.“
Geöffnete Arme nach oben gen Himmel; danach zum „Amen“ Hände wieder falten.

© *Holger Kiesé*

1.4 Segens-Handlungen / Bewegte Segensworte

Ein mit Bewegungen gestaltetes Segenswort im Stehen oder Sitzen ermöglicht die Erfahrung, dass Gott uns mit seinem Segen umhüllt. Dabei ist Segen mehr als ein Zeichen, es ist die Zusage, also ein Versprechen Gottes, dass seine Kraft und Energie in uns wirksam ist. Im Segen soll(te) diese Kraft Gottes wirksam sein und zu den Menschen fließen. Aber nicht ein Mensch segnet, Gott ist der Segen. Darauf zu vertrauen, kann unserem Leben Grund geben.

Den Segen Gottes weitergeben (SegensHANDlung)

Der Segen kann mit folgender Form empfangen und selbst weitergegeben werden: Alle stehen im Kreis, bzw. in den Reihen der Kirchenbänke. Bevor die Segensworte gesprochen werden, wird zu folgender Segenshaltung und -handlung eingeladen.

„Wir nehmen unsere Hände nach vorn; beide Handflächen sind nach oben geöffnet. Die eigene rechte Hand legen wir nach rechts in die linke Hand unseres Nachbarn / unserer Nachbarin. So trägt unsere eigene linke Hand nun die rechte Hand der Person, die neben mir steht. Alle Handflächen bleiben weiterhin nach oben geöffnet."

Weiter kann dann gesagt werden:
„Eine alte Segenshaltung. Eine Haltung, die sagen möchte: Auf der einen Seite werde ich getragen, auf der anderen Seite trage ich. Wir empfangen und geben zugleich weiter. Dieses alles kann ich nicht allein vollbringen. So sind nun unsere Hände nach oben geöffnet.

> *Da hinein - in uns:*
> *Der Segen Gottes, der uns umgibt,*
> *trägt, begleitet und bewegt.*
> *Tanzen wir weiter - in Gottes Namen. Amen."*

Nach einer kurzen Stille löst man langsam die Haltung und bleibt für einen Moment noch nachspürend stehen. Natürlich kann auch ein anderes Segenswort gesprochen werden oder eine Formulierung, die alle nachsprechen können, z.B. einer der folgenden Segenstexte.

Segensgestaltung in freier Form

Die Gemeindeglieder werden eingeladen, sich einzeln durch den Raum zu bewegen. Treffen zwei Personen aufeinander, bleiben sie voreinander stehen. Eine Person beginnt mit einer einfachen Segenshandlung (z.B. von Kopf bis Fuß) behutsam über den Körper zu streichen; danach Wechsel. Das bedarf keiner erklärenden Worte, - vielleicht langt die Zusage:
„Gottes Segen umgibt und begleitet dich".

Dann bewegt man sich weiter im Raum umher, bis es zu einer neuen Begegnung kommt.

Geborgen in deiner Hand (Gebet)

„Gott, du bist innen..."
Arme vor der Brust kreuzen.

„...und außen..."
Arme zur Seite strecken.

„...und um mich herum."
Einmal drehen.

„Du gibst meinen Beinen festen Stand."
Fest auftreten.

„Dein Segen hält mich geborgen in deiner Hand. - Amen."
Hände fassen.

Er hält dich fest (Segenszuspruch)

„Gott ist in dir..."
Arme vor der Brust kreuzen.

„...und außerhalb von dir..."
Arme zur Seite strecken.

„...und um dich herum."
Einmal drehen.

„Er gibt deinen Füßen einen festen Stand..."
Fest auftreten.

„...und hält dich fest in seiner Hand bis wir uns wiedersehen. - Amen."
Hände fassen.

Alt-Irischer Segen

„Herr, sei bei uns als unser treuer Begleiter."
Hände fassen.

„Herr, sei vor uns als unser Wegbereiter."
Arme nach vorne ausstrecken, dabei Handflächen nach oben.

„Herr, sei hinter uns als bergender Wall."
Hände hinter dem Rücken des Nachbarn / der Nachbarin.

„Herr, sei über uns als schützendes Dach."
Hände zu einem Dach formen und über dem Kopf des Nachbarn / der Nachbarin halten.

„Herr, sei unter uns als Fundament und Halt."
Hände nach unten Richtung Boden halten, Handflächen nach oben geöffnet.

„Herr, sei in uns als Liebe, Glaube und Hoffnung."
Hände auf Herzgegend legen.

„Herr, sei bei uns als unser treuer Begleiter."
Hände fassen.

„Amen."
Hände drücken.

Gesten: *Jutta Holst*

„Gott ist vor dir... das heißt: Er zeigt dir den Weg!"
Mit einer Hand einen Weg auf der Kreisbahn anzeigen.

„Gott ist hinter dir... das heißt: Er beschützt dich!"
Hände auf den Rücken des Nachbarn / der Nachbarin legen.

„Gott ist neben dir... das heißt: Er geht mit dir!"
Hände fassen und in die Kreismitte gehen.

„Gott ist unter dir... das heißt: Er hält dich!"
Hände des übernächsten Nachbarn / der übernächsten Nachbarin fassen - und beim Zurückgehen den Halt spüren.

„Gott ist über dir... das heißt: Er segnet dich!"
Hände über dem Kopf des Nachbarn / der Nachbarin halten.

„Gott ist in dir... das heißt: Er schenkt dir Frieden und Freude!"
Hände erst vor der Brust kreuzen, dann öffnen und die Hände des Nachbarn / der Nachbarin fassen.

„Amen."
Hände drücken.

Gesten: *Jutta Holst*

II 2 Lieder und Liedtänze

„Wir haben gesungen, aber ihr habt nicht getanzt."

(Matthäus 11,17)

2.1 Lieder, die vom Tanzen handeln

Es gibt eine Reihe von Neuen Geistlichen Liedern, die das Tanzen im weitestgehend biblischen Sinne zum Thema haben oder die vom Tanz handeln - als gute und schöne Möglichkeit, Gott zu loben.

Eines der ältesten Lieder zu diesem Thema aus dem Bereich des Neuen Geistlichen Liedes heißt „Herr, lass uns dich loben" und ist mittlerweile 34 Jahre alt. Es entstand anlässlich des Tutzinger Liederwettbewerbes 1966 (Lied 1). Von Kurt Rose ist neben dem „Kleinen Osterlied" (Text s. Kap. 4.1) das „Österliche Tanzlied" / „Hosianna, lobt den Herrn mit Tanz und Traum..." (Lied 2) bekannt. Exklusiv für dieses Buch schrieb Rose den Liedtext „Tanzlied für Engel" und widmete es beiden Autoren (Lied 3). Andere Lieder, die vom Tanzen singen, entstanden anlässlich der Deutschen Evangelischen Kirchentage, so auch das Lied „ich lobe gott und tanze" (Lied 4).

Eine Reihe dieser Lieder laden zum spontanen Mit-tun, Mit-bewegen, Mit-tanzen ein. Hier liefert der zu singende Liedtext die Bewegungsmöglichkeiten gleich mit („Wir wollen aufstehn, aufeinander zugehn"; „Heut ist ein Tag, an dem ich tanzen kann", u.a.m.). Oder es lassen sich mit ein wenig Fantasie und Bewegungsfreude rasch eigene Tanzschritte finden. Als Beispiel hierfür sei auf das Lied von Peter Janssens „Wir strecken uns nach dir" (Lied 5) verwiesen.

Lied 1: „Herr, lass uns dich loben

T: Kurt Rommel, M und Satz: Alfred Hans Zoller[9]

9 Aus: „Herr, wir bitten“ - Neue geistliche Lieder 1966. Bosse Edition, Regensburg, 1966. © by Gustav Bosse Verlag, Kassel.

Lied 2: „Österliches Tanzlied“

T: Kurt Rose, M: Wolfgang Teichmann[10]

10 Aus: „Fröhlicher Vogel Hoffnung“, in der Reihe: „Neues für den Gottesdienst“. Lutherisches Verlagshaus, Hannover, 1995. S. 82 f. © Wolfgang Teichmann.

2. Oben, unten, krumm und grade,
frei im Tanze dreht sich Gnade.
Arme werden reich.
Berg und Täler werden eben,
Gott den Menschen gleich,
und am Kreuz erwacht das Leben.

Hosianna, lobt den Herrn mit Tanz und Traum,
mit Tanz und Traum lobt den Herrn!

3. Seht den Auferstandnen steigen
in dem offnen Osterreigen,
holt die Zukunft ein.
Zukunft ohne Schmerz und Tränen.
Tod wird nicht mehr sein,
wie die Träumenden ersehnen.

Hosianna, lobt den Herrn mit Tanz und Traum,
mit Tanz und Traum lobt den Herrn!

Lied 3: „Tanzlied für Engel“

T: Kurt Rose, M: Holger Kiesé[11]

2. Sie brauchen den Braus vom Gebet
zum Himmel den Psalmengruß
der aus den Gefilden der Menschen weht
der hebt ihnen Herz und Fuß -

> Mit Schreiten und Drehen und Springen
> lobtanzen lobspielen lobsingen!

3. Sie tanzen den Sternenkreis nach
die Boten der Herrlichkeit
und schwirrende Flüge am Wiesenbach
und Schneetanz zur Winterzeit -

> Mit Schreiten und Drehen und Springen
> lobtanzen lobspielen lobsingen!

4. Sie brauchen den himmlischen Wind
und unser Gebet und Lied
die Engel, die mit uns im Reigen sind
und die es zum Himmel zieht -

> Mit Schreiten und Drehen und Springen
> lobtanzen lobspielen lobsingen!

---

[11] Dieser Text wurde von Kurt Rose eigens für diese Veröffentlichung geschrieben. -

Lied 4: „ich lobe gott und tanze“

T: Hans-Jürgen Netz, M und Satz: Holger Kiesé[12]

2. gottes geist befreit zum leben
aus hartem stein wird weicher sand
auf den mauern blühen blumen -
ich lobe gott und tanze...

3. gottes geist befreit zum leben
aus kalter angst wird endlich mut
dass die erde himmel werde -
ich lobe gott und tanze...

4. gottes geist befreit zum leben
aus schwerer last wird leichtes spiel
alte feinde sind längst freunde -
ich lobe gott und tanze
mit den menschen durch das haus der welt.

Lied 5: „Wir strecken uns nach dir“

T: Friedrich Karl Barth, M: Peter Janssens[13]

2. Wir öffnen uns vor dir,
in dir wohnt die Wahrhaftigkeit.
Wir freuen uns an dir,
in dir wohnt die Gerechtigkeit.
Du bist, wie du bist:
Schön sind deine Namen.
Halleluja. Amen. Halleluja. Amen

3. Wir halten uns bei dir,
in dir wohnt die Beständigkeit.
Wir sehnen uns nach dir,
in dir wohnt die Vollkommenheit.
Du bist,wie du bist:
schön sind deine Namen.
Halleluja. Amen. Halleluja. Amen.

[13] Aus : „Wir fassen uns ein Herz.“ © Peter Janssens Musik Verlag, Telgte/ Westfalen, 1985.

Bewegungsimpuls:

Dieses Lied lässt sich gut um die Dimension der Bewegung erweitern und vertiefen, weil schon der Text Bewegungsanregungen enthält. Zu den drei Strophen kann eine Gruppe im Altarraum tanzen (nach einer zu erarbeitenden Choreografie) und/oder die Gemeinde in den Bankreihen. Hierzu folgender Bewegungsvorschlag, der für alle Strophen gleichermaßen verwendet, ggf. auch variiert werden kann.

„Wir strecken uns nach dir,..."
Im Stehen die Arme über den Kopf erheben.

„...in dir wohnt die Lebendigkeit."
Einmal auf der Stelle um die eigene Achse drehen.

„Wir trauen uns zu dir,..."
Die Arme seitlich ausstrecken.

„...in dir wohnt die Barmherzigkeit."
In den Reihen durchfassen, leichtes Wiegen.

„Du bist, wie du bist: Schön sind deine Namen."
Arme zur eigenen Körpermitte führen, dann verbeugen.

„Halleluja. Amen. Halleluja. Amen."
Arme nochmals nach oben erheben, danach Absenken in die Ausgangsposition.

Weitere Lieder, die Tanz und Bewegung zum Inhalt haben... [14]
...und die zur Entwicklung eigener Bewegungen einladen.

„Kleines Osterlied", Text von Kurt Rose (s. Kap. 4.1), Melodie von Wolfgang Teichmann, u.a. in: „Fröhlicher Vogel Hoffnung" (s.o.).

„Es werde Licht" („Ostertanzlied"), Text von Wilhelm Willms (s. Kap. 4.1), Musik von Peter Janssens, aus: „Ein Halleluja für dich" (1973), u.a. in: Peter Janssens „Meine Lieder", Pattloch-Verlag 1992, S. 140.

[14] Choräle und Liedstrophen aus dem Evangelischen Gesangbuch (Stammteil) zum Themenbereich Tanz/Bewegung sind in Kap. 4.2 „Liedstrophen und Bibelverse" abgedruckt.

„Wir wollen aufstehn, aufeinander zugehn", Text und Melodie von Clemens Bittlinger, u.a. in „Lieder für Leipzig" / DEKT 1997 (Nr. 57).

„Lord of the dance" / „Der Herr des Tanzes" („Ich tanzte an dem Morgen..."), Originaltext (engl.) von Sydney Carter, deutscher Text von Rüdiger Maschwitz (weitere Übertragungen von Kurt Rose und Siegfried Macht siehe Kap. 4.1), Melodie: Traditional, u.a. in: „Mein Liederbuch", tvd-Verlag (Nr. D 25).

2.2 Liedtänze zu liturgischen Gottesdienstelementen

„Die Liebe setzt uns in Bewegung" - Eine Prozession zum Einzug / Auszug

Text, Kanon zu 4 Stimmen und Tanz: Manfred Büsing ©

Über die Möglichkeit einer Prozession der Gemeinde zum Einzug in den Gottesdienst, bzw. zum Auszug aus dem Gottesdienst ist in Kapitel 3.1 „Tänze zur Liturgie" zu lesen. Fröhlich-beschwingt wird eine derartige Prozession z.B. durch das nachfolgende Bewegungslied „Die Liebe setzt uns in Bewegung". Es lässt sich, mit jeweils kleinen Veränderungen, zum Ein- und Auszug, aber auch (einstimmig oder als Kanon zu 4 Stimmen gesungen) in Kreisen oder in Bankreihen tanzen. Die nachfolgende Aufzählung 1. bis 4. entspricht den vier Kanon-Einsätzen.

Möglichkeit A:
Die Gruppe formiert sich in 2 bis 4 Reihen zum Auszug (bzw. Einzug):

Takt 1 + 2: Gehschritte Richtung Ausgang.
Takt 3 + 4: Ebenso.
Takt 5 + 6: Stehenbleiben, Arme heben am Platz.
Takt 7 + 8: Fassung lösen, klatschen, dabei 1x auf der Stelle drehen.

Möglichkeit B:
Die Gruppe steht im Kreis, an Händen durchgefasst:

Takt 1 + 2: Der Kreis dreht nach links (8 einfache Gehschritte).
Takt 3 + 4: Der Kreis dreht nach rechts (8 einfache Gehschritte).
Takt 5 + 6: Kreis zur Mitte und zurück (Arme heben, dann senken).
Takt 7 + 8: Fassung lösen, klatschen, dabei 1x auf der Stelle drehen.

„Kyrie eleison“ (EG 178.9) - Ein bewegter Gebetsruf

T: griech. „Herr, erbarme dich“, M und Satz: Orthodoxe Liturgie aus der Ukraine, Tanz: Manfred Büsing ©

Eine ganz einfache liturgische Form, die nach kurzer Einführung ohne langes Üben von allen im Sitzen oder im Stehen, im Kreis oder in den Bankreihen mitvollzogen werden kann; z.B. im dreifachen Wechsel zwischen Gebetstexten und bewegtem Liedruf.

„Kyrie eleison,...“

Arme vor eigener Brust verschränken.

„...Kyrie eleison,...“

Arme seitlich öffnen.

„...Kyrie ele — ison.“

Arme über den Kopf heben und dann wieder zum Boden führen.

„Gib mir deine Hand“ - Ein getanztes Segenslied

T: Uwe Seidel, M: Holger Kiesé, Tanz: Charlotte Scheller[15]

15 Holger Kiesé: „Jesus ist ein Freund der Kinder“. Agentur des Rauhen Hauses Hamburg, 1990. © Text: tvd-Verlag, Düsseldorf, © Musik und Tanz: bei den Autoren.

Die beiden hier aufgeführten Tanzbeschreibungen gehen vom Charakter des Liedes als Ganzem aus; sie versuchen nicht, den Liedtext Wort für Wort in Bewegungen umzusetzen. Wir haben uns auf drei „Kerngedanken" konzentriert, denen man im Tanz nachgehen kann:

Teil 1 (Takt 1 - 16):
Wir sind unterwegs mit verschiedenen Menschen, auf verschiedenen Wegen. Wir sind auf der Suche - nach uns selbst, nach anderen, nach Gott.

Teil 2 (Takt 17 - 28):
Wir brauchen eine Mitte, aus der wir Kraft schöpfen und in der wir uns in der Nähe Anderer und der Nähe Gottes vergewissern können. Von dort aus können wir „aus uns herausgehen" und tun, was dem Frieden dient.

Teil 3 (Takt 29 - 37):
Gott reicht uns die Hand - auch durch Menschen, die uns nahe sind. Er führt uns - aber nicht so, dass wir gezwungen wären zu folgen. Er schützt uns - aber nicht so, dass uns Rückschritte und Umwege erspart blieben. So kann der Lebensweg als ein Pilgerweg verstanden werden; die Hand des/ der nach mir Gehenden auf meiner Schulter kann dabei, wie beim Gruß der frühen Christen, an das Kreuz Jesu erinnern.

Tanzmöglichkeit A: für Gruppen

Ausgangsposition: Aus dem geschlossenen Kreis treten alle jeweils zwei Schritte zurück; Hände loslassen, Gesicht zur Mitte.

Takt 1 + 2: *„Gib mir deine Hand,"*
4 Gehschritte vorwärts, mit rechtem Fuß (RF) beginnend, schräg nach rechts (re) zur Mitte. Beim 4. Schritt Hände der Nachbarn re und links (li) fassen (V-Fassung; Hände bleiben bis Takt 24 gefasst).

Takt 3 + 4: *„Wandrer durch die Zeiten."*
4 Gehschritte rückwärts, mit RF beginnend, schräg nach re außen.

Takt 5 - 8: *„Gib mir deine Hand, lass mich dich begleiten."*
Schritte wie Takt 1- 4, dabei V-Fassung.

Takt 9 - 16: *„Gib mir deine Hand, Schwester auf unseren Wegen. Gib mir deine Hand, Bruder auf schmalen Stegen."*
Schritte wie Takt 1- 8, dabei V-Fassung.

Takt 17 - 20: *„Gib mir deine Hand, lass uns fest zusammen stehn..."*
4 langsame Gehschritte vorwärts, mit RF beginnend, zur Mitte; die weiterhin gefassten Hände leicht erheben.

Takt 21 - 24: *„...und dahin gehn, wo Frieden wohnt,"*
4 langsame Gehschritte rückwärts, mit RF beginnend, nach außen; währenddessen Hände sinken lassen und Handfassung lösen.

Takt 25 - 28: *„und dahin gehn, wo Frieden wohnt."*
Mit 8 (schnelleren) Gehschritten am Platz über rechte Schulter einen Kreis beschreiben, mit RF beginnend; am Ende etwas enger im Kreis zusammenkommen als am Anfang von Takt 25; in Tanzrichtung, d.h. nach rechts ausgerichtet, stehenbleiben; rechte Hand auf die linke Schulter des/ der vor einem Tanzenden legen (Pilgerfassung).

Takt 29 - 36: *„Gib uns deine Hand, mein Gott, schütze unsre Seelen, damit wir nicht fehlen. Gib uns deine Hand."*
entweder: 8 langsame Gehschritte in Tanzrichtung, mit RF beginnend, Pilgerfassung beibehalten.
oder im Pilgerschritt, d.h. 3 langsame Gehschritte in Tanzrichtung, mit RF beginnend, dann Gewicht auf den linken Fuß zurückverlagern; dieses zweimal wiederholen. Pilgerfassung beibehalten.

Takt 37 (Pause bzw. Zwischenspiel): Pilgerfassung lösen; zwei Schritte rückwärts aus dem Kreis in die Ausgangsposition zurückgehen.

Tanzmöglichkeit B: für eine spezielle Tanzgruppe

Während sich der oben beschriebene Tanzvorschlag **A** für verschiedene Gruppen nach kurzem Einüben zum meditativen Mittanzen eignet, ist die folgende Variante ein Vorschlag für einen (vorher einzuübenden) Tanz, der z.B. in einem Gottesdienst von einer Gruppe vorgeführt werden kann. Hierfür sind mindestens acht Tänzer/innen erforderlich.

Ausgangsposition: Tänzer/innen stehen paarweise nebeneinander (jeweils Tänzer/in **I** neben Tänzer/in **II**), Position und Ausrichtung wie in Möglichkeit **A**; Hände nicht gefasst.

Takt 1 - 8: Wie in Möglichkeit **A**; am Ende von Takt 8 stehen alle wieder mit Körperfront zur Mitte; V-Fassung lösen.

Takt 9 + 10: *„Gib mir deine Hand,"*
2 langsame Gehschritte, mit **RF** beginnend; dabei wendet sich jeweils Tänzer/in **I** nach links Tänzer/in **II** zu; Tänzer/in **II** wendet sich nach rechts Tänzer/in **I** zu. Beide Partner reichen sich die rechte Hand (Einhandfassung).

Takt 11 + 12: *„Schwester auf unseren Wegen."*
Mit 4 (schnelleren) Gehschritten, mit **RF** beginnend, gegen Tanzrichtung (d.h. im Uhrzeigersinn) umeinander herum gehen, bis beide wieder mit dem Gesicht zur Mitte im Kreis stehen wie am Anfang von Takt 9; dann Fassung lösen.

Takt 13 + 14: *„Gib mir deine Hand,"*
2 langsame Gehschritte, mit **RF** beginnend; dabei wendet sich jeweils Tänzer/in **I** nach rechts einem neuen Partner **II** zu; Tänzer/in **II** wendet sich nach links einem neuen Partner **I** zu. Beide Partner reichen sich die linke (!) Hand (Einhandfassung).

Takt 15 + 16: *„Bruder auf schmalen Stegen."*
Mit 4 (schnelleren) Gehschritten, mit **RF** beginnend, in Tanzrichtung (d.h. gegen Uhrzeigersinn) umeinander herum gehen, bis beide wieder mit dem Gesicht zur Mitte im Kreis stehen wie am Anfang von Takt 9; dann Fassung lösen.

Takt 17 - 37: Wie in Möglichkeit **A**; Takt 29 - 36: Pilgerschritt s.o.

2.3 Liedtänze zu biblischen Worten

„Du hast meine Klage verwandelt“ (zu Psalm 30,12)
M und Tanz: Manfred Büsing ©

Dieser kleine bewegte Singspruch zu Psalm 30 verbindet einen freien Bewegungsimpuls und eine vorgegebene Struktur. Denkbar ist eine Gestaltung mit Wechsel von Psalmlesung oder einem Fürbittengebet und diesem Lied.

„Du hast meine Klage - du hast meine Klage - du hast meine Klage“
Die Tanzenden gehen einzeln durch den Raum und gestalten individuell Klagehaltungen.

„verwandelt - verwandelt“
Innehalten und einander im Kreis zuwenden.

„in einen Reigen - in einen Reigen“
Im Kreis duchgefasst nach rechts beschwingt gehen.

„verwandelt - verwandelt“
Der Kreis geht zur Mitte und zurück.

„in einen Reigen - in einen Reigen.“
Im Kreis nach links gehen; danach das Ganze von Neuem, als Zeichen dafür, dass sich Reigen auch in Klage verwandeln kann.

„Mache dich auf und werde Licht“ (zu Jesaja 60,1)

Kanon zu 4 Stimmen: Kommunität Gnadenthal, Tanz: Manfred Büsing[16]

Dieser Bewegungs-Kanon kann ein guter Begleiter der vier vorweihnachtlichen Gottesdienste sein. An jedem Adventssonntag entfaltet er sich weiter:

1. Advent: Die Melodie wird einstimmig, dann im Kanon gesungen.
2. Advent: Sie wird im Kanon gesungen, eine Gruppe tanzt dazu im Altarraum.
3. Advent: Einstimmiges Singen der Kanonmelodie und Bewegung der Gemeinde in den Bankreihen.
4. Advent: Mehrstimmig als Kanon gesungen und getanzt, in den Bankreihen und Kreisen in der ganzen Kirche.

So übt sich auch die Bewegung langsam und kontinuierlich für die Gemeinde ein. Hier die Version für den 3. Advent (die Ziffern bezeichnen die einzelnen Kanoneinsätze):

---

16 Text: Jes. 60,1, Melodie: Kommunität Gnadenthal, © Präsenz-Verlag, D-65597 Gnadenthal, © Tanz: beim Autor.

1. *„Mache dich auf und werde Licht!“*
   Hände sind vor der Brust verschränkt und öffnen sich zur Seite (nach unten).

2. *„Mache dich auf und werde Licht!“*
   Hände so weit seitlich öffnen, dass man seine Nachbarn erreicht, fassen und am Platz wiegen.

3. *„Mache dich auf und werde Licht,“*
   Die durchgefassten Hände / Arme heben sich langsam nach oben.

4. *„denn dein Licht kommt.“*
   Kleine Seitstellschritte nach rechts (bei jedem zweiten Durchgang kann man an dieser Stelle nach links zurück).

Für die Version mit der Tanzgruppe am 2. Advent ist ein Wechsel zwischen Improvisation und Struktur (s. 3 Advent) vorstellbar. Die Mitgestaltenden gehen vereinzelt, suchend, sich auf den Weg machend im Altarraum umher. In der vierten Zeile könnten sie sich zum Beispiel an einer größeren Kerze treffen. Dann folgt die gebundene Form im Kreis. Am 4. Advent sollte der ganze Kirchenraum mit dem Gesang und der Bewegung gefüllt sein. Wer mag, bleibt in der Bank, ansonsten bieten sich Gänge und der Altarraum an. Jetzt können auch Kreise gebildet werden, die die Version vom 3. Advent in Gemeinschaft tanzen.

„Aufstehn will ich" (zu Lukas 15,18 ff)

T: Kurt Rose („Flugspruch" zum Deutschen Evangelischen Kirchentag Hannover 1983), Kanon zu 3 Stimmen: Holger Kiesé, Tanz: H. Kiesé mit einer Seminargruppe der AG Biblischer Tanz[17]

Dieser Kanon wird in drei Gruppen aus einem gemeinsamen großen Kreis heraus gesungen und getanzt. Mindestens 9 Personen (3 je Kanongruppe) werden benötigt, besser 12, 15 oder eine andere durch drei teilbare Teilnehmerzahl. Im Kreis wird reihum jeweils 1 bis 3 abgezählt, um drei Gruppen zu erhalten. Entsprechend den gesungenen Kanoneinsätzen beginnen dann die Einser, Zweier und Dreier nacheinander mit ihren Bewegungen.

Vor dem Tanz sollten die Teilnehmer/innen die Melodie gründlich gelernt haben, einstimmig und im Kanon. Alternativ können weitere Teilnehmer/innen, die nicht am Tanz beteiligt sind, den dreistimmigen Kanon zu den entsprechenden Bewegungseinsätzen singen. Die nachfolgende Nummerierung 1 bis 3 entspricht den getanzten und gesungenen Kanoneinsätzen.

---

17 © Text: Wolfgang Teichmann, © Musik und Tanz: Holger Kiesé.

Ausgangsposition: Alle befinden sind in einer tiefen Hocke, den Kopf nach unten gesenkt (als Geste der Nachdenklichkeit, des In-sich-gehens, der Umkehr...).

1. *„Aufstehn will ich und zu meinem vater gehn"*
   Aus der tiefen Hocke heraus Körper und Kopfhaltung langsam aufrichten, die Hände in die Höhe erheben.

2. *„wirklich er läuft mir entgegen"*
   Zur Mitte laufen, Hände zu einem geschlossenen, kleinen Kreis fassen, mit der Schrittfolge:

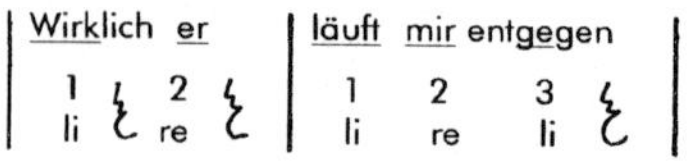

3. *„leben aus vollen händen"*
   Hände lösen, mit einer großen, schwungvollen Drehung nach rechts und ausgebreiteten Armen auf den Ausgangsplatz in den großen Kreis zurück, dort wieder in die tiefe Hocke gehend.

Schluss: Der Kanon läuft nacheinander mit dem dritten Einsatz aus. Beim letzten Kanondurchgang wird am Ende des dritten Einsatzes nicht mehr in die Hocke zurückgegangen, sondern man bleibt mit den ausgebreiteten Armen stehen ("leben aus vollen händen").

2.4 Tänze zu Liedern aus dem Evangelischen Gesangbuch

„Geh aus, mein Herz“ (EG 503)

T: Paul Gerhardt 1653, M: August Harder vor 1813, Tanz: Manfred Büsing ©

Dieses bekannte Lied lässt sich gut bei Gottesdiensten im Freien und bei Gemeindefesten singen und tanzen. Die Bewegungsform ist so einfach gehalten, dass sie gleich ohne Üben mitgetanzt werden kann. So wurde für mehrere Strophen nur eine Gestaltungsform gewählt.

Denkbar ist auch folgende Kombination:
1. Strophe singen - dann Tanz zur instrumentalen Melodie;
2. Strophe singen - dann Tanz, usw; oder:
Tanz, dann 1. bis 3. Strophe, wieder Tanz, dann 4. bis 6. Strophe, Tanz.

Dazu eine einfache Choreografie:

„Geh aus, mein Herz, und suche Freud...“
Gehen im Kreis (durchgefasst) nach rechts mit 8 Schritten.

„...in dieser lieben Sommerzeit...“
Loslassen, Drehung am Platz (in 8 kleinen Schritten).

„...an deines Gottes Gaben;“
Wieder im Kreis durchgefasst, auf der Stelle 2 x rechts - links wiegen.

„schau an der schönen Gärten Zier...“
Gehen zur Kreismitte (in 8 kleinen Schritten).

„...und siehe, wie sie mir und dir...“
Wieder zurück zum Kreisrand.

„...sich ausgeschmücket haben, sich ausgeschmücket haben.“
2 x wiegen, rechts - links, dann Drehung am Platz.

„Christ ist erstanden“ (EG 99)
T: Bayern/ Österreich 12. bis 15. Jh., M: Salzburg 1160/1433, Tegernsee 15. Jh., Wittenberg 1529, Tanz: Siegfried Macht ©

Ausgangsstellung: In 4 Reihen über Kreuz kniend, jede Reihe in der Mitte nochmals geteilt:

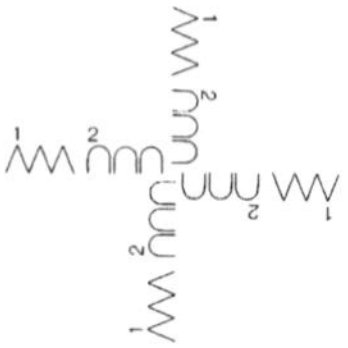

1. STROPHE
„Christ ist erstanden“
Im Aufstehen Drehung um sich selbst, dabei der Hand folgen, die vom Boden bis hoch über den Kopf eine Spirale (Auferstehungssymbol) zeichnet.

„von der Marter alle.“
Die Arme zum Kreuz ausbreiten.

„Des solln wir alle froh sein; Christ will unser Trost sein.“
Einen Kreis bilden (um die im Kreuz Zurückbleibenden), dazu mit 4 Schritten im Tempo ganzer Noten nach außen gehen.

„Kyrieleis.“
Halbe Drehung auf der Kreislinie (also jetzt Blick zur Kreismitte, zum Kreuz).

2. STROPHE
Gruppe 1 geht im Uhrzeigersinn (Vergehen der Welt) auf der Kreislinie, Gruppe 2 wie Gruppe 1 in der ersten Strophe; Gruppe 1 weitet langsam den Kreis, damit Gruppe 2 sich am Ende der Strophe einreihen kann.

3. STROPHE
Arme auf den Schultern der Nachbarn: 2 Schritte nach links, 2 zur Mitte, 2 zurück; 2 Schritte nach rechts, 2 nach links, 2 zur Mitte.

„Die Nacht ist vorgedrungen“ (EG 16)
T: Jochen Klepper 1938, M: Johannes Petzold 1939, Tanz: AG Biblischer Tanz Hannover

Für diesen adventlichen Liedtanz werden mindestens 5 Personen benötigt. - Die Haltungen und die ruhigen Bewegungen sollen ganz in Ruhe nachempfunden werden. Nur so kann sich der Gehalt erschließen. Dabei auf die Übergänge achten: Was passiert auf dem Weg von der einen zur anderen Haltung, welche Bilder entstehen?

1. STROPHE
„Die Nacht ist vorgedrungen, der Tag ist nicht mehr fern.“
Aus der Gemeinde (Mittelgang) in individueller, gebückter Haltung beginnend, langsam aufrichten und dabei in den Altarraum gehen.

„So sei nun Lob gesungen dem hellen Morgenstern!“
Alle Tänzer formieren sich zum Kreis, Gesicht und Körperfront gegen Tanzrichtung (d.h. im Uhrzeigersinn), rechten Arm zur Kreismitte ausstrecken, so dass in der Mitte ein Stern aus Armen entsteht; Hände treffen sich über Kopfhöhe fast in der Mitte (Figur „Handstern“).

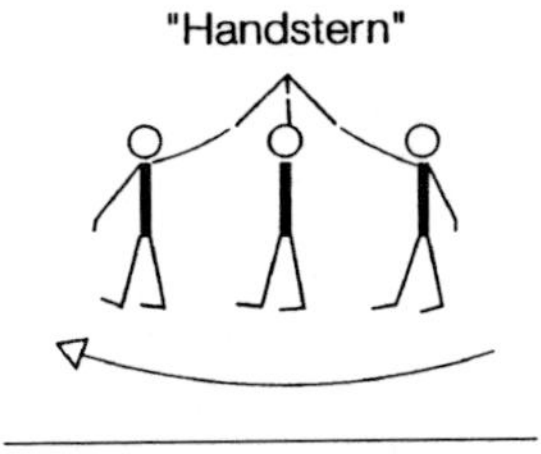

„Auch wer zur Nacht geweinet...“
Der „Stern“ dreht sich, indem die Tänzer gegen die Tanzrichtung gehen, dabei mit der freien linken Hand das Gesicht bedecken (Kopf gesenkt).

„...der stimme froh mit ein.“
Bei „froh“ stehenbleiben, beide Arme aus der Haltung lösen und erheben, dabei Gesicht und Körperfront zur Kreismitte wenden. Die Handflächen treffen sich, so dass der Kreis wieder geschlossen ist (Figur „Krone“).

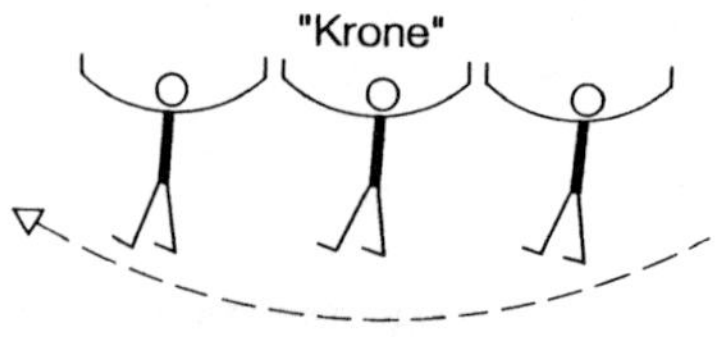

„Der Morgenstern bescheinet auch deine Angst und Pein.“
In der eingenommenen Haltung gegen die Tanzrichtung gehen: Vorwärtsschritte, ohne die Ausrichtung von Gesicht und Körperfront zur Kreismitte zu verändern!

2. STROPHE
„Dem alle Engel dienen, wird nun ein Kind und Knecht.“
Langsam den Kreis zum Halbkreis öffnen, so dass er zum Altar hin noch geschlossen, zur Gemeinde hin offen ist und die Tänzer zur Gemeinde hin ausgerichtet stehen. Jeder zweite Tänzer kniet hin, jeder erste bleibt stehen, die inzwischen gesenkten Hände loslassen, Kopf senken.

„Gott selber ist erschienen zur Sühne für sein Recht.“
Ohne Bewegung verharren.

„Wer schuldig ist auf Erden, ...“
Den Kopf in den Händen/Armen verbergen (alle Tänzer).

„...verhüllt nicht mehr sein Haupt.“
Hände und Arme sinken lassen, Kopf heben (alle Tänzer).

„Er soll errettet werden, wenn er dem Kinde glaubt.“
Die stehenden Tänzer reichen den knienden die Hände, die knienden stehen mit dieser Hilfe auf.

3. STROPHE

„Die Nacht ist schon im Schwinden, macht euch zum Stalle auf!“
Der von der Gemeinde aus links stehende Tänzer führt die Reihe der Tänzer (Hände gefasst, in V-Haltung herabhängend) aus dem Halbkreis (Strophe 2) in Tanzrichtung zum Altar. Dabei wird ein spiralförmiger Weg gegangen, der in einem zum Altar hin geöffneten Halbkreis endet.

„Ihr sollt das Heil dort finden, das aller Zeiten Lauf...“
Evtl. noch ein Stück gehen (s.o.) dann Fassung lösen und mit beiden Armen, Hände nach oben geöffnet, schräg nach unten zum Altar deuten.

„...von Anfang an verkündet, seit eure Schuld geschah.“
Nun rechtsschultrig zur Gemeinde hin umdrehen, dabei führt der leicht gehobene rechte Arm. Einige Schritte auf die Gemeinde zugehen (sie „einladen“).

„Nun hat sich euch verbündet, den Gott selbst ausersah.“
Rechtsschultrig weiterdrehen, ½ Drehung auf die anderen Tänzer zu. Dabei formieren sich alle wieder zum Kreis, in der Mitte entsteht ein Stern aus Armen (wie Anfang der 1. Strophe). Der linke Arm nach außen hin ausgestreckt, Hand nach oben geöffnet. Gesicht und Körperfront gegen Tanzrichtung (s. Figur „Handstern“).

4. STROPHE

„Noch manche Nacht wird fallen auf Menschenleid und -schuld.“
Der Stern bleibt bestehen, die Tänzer gehen ganz langsam in die Knie.

„Doch wandert nun mit allen der Stern der Gotteshuld.“
In derselben Haltung langsam wieder erheben, rechten Arm noch höher zur Kreismitte strecken, so dass der Stern ganz spitz wird.

„Beglänzt von seinem Lichte,...“
Verharren.

„...hält euch kein Dunkel mehr,“
Jeder Tänzer dreht sich einmal am Platz (schnelle ganze Drehung), Arme halb erhoben.

„von Gottes Angesichte kam euch die Rettung her."
Tänzer stehen wieder im Kreis, Gesicht und Körperfront zur Kreismitte, Hände und Arme langsam heben (nicht ganz hoch, sondern nach vorn zur Mitte).

5. STROPHE
„Gott will im Dunkel wohnen..."
Alle Tänzer haben beide Arme zur Mitte erhoben. Die Handflächen nach unten, formen alle Arme ein Dach. Arme, Kopf und Oberkörper werden zur Mitte hin gesenkt...

„...und hat es doch erhellt."
...und wieder in die Ausgangshaltung (der 5. Strophe) erhoben.

„Als wollte er belohnen, so richtet er die Welt."
Das Heben der Arme setzt sich fort, indem die Arme zu den Seiten hin geöffnet werden. Dabei Handflächen nach außen drehen. In Schulterhöhe treffen sich nun die Unterarme der Kreisnachbarn je so, dass sie sich kreuzen. Hände aufgerichtet, Handflächen nach außen gerichtet lassen! So entsteht im Kreis das Bild einer „Dornenkrone".

"Dornenkrone"

„Der sich den Erdkreis baute, der lässt den Sünder nicht."
Die „Dornenkrone" dreht sich, indem die Tänzer gegen die Tanzrichtung gehen; Gesicht und Körperfront dabei zur Kreismitte hin ausgerichtet lassen.

„Wer hier dem Sohn vertraute,..."
Arme und Hände sinken über die Arme des Kreisnachbarn hinweg nach unten. Tänzer stehen jetzt.

„...kommt dort aus dem Gericht."
Hände und Arme wieder erheben, Handflächen der Kreisnachbarn berühren sich, so dass der Kreis geschlossen ist (wie Ende der 1. Strophe; s. Figur „Krone"). Dieser Haltung noch ein wenig nachspüren!

II 3 Tänze

„Du hast meine Klage verwandelt in einen Reigen.“

(Psalm 30,12)

3.1 Tänze zur Liturgie

Um Teile der gesamtgottesdienstlichen Liturgie noch besser zu verinnerlichen, bzw. zum Ausdruck zu bringen, bietet sich die Erweiterung um die Dimension der Bewegung an. Dieses kann in strukturierter und/oder freier Form geschehen. Die Musik, am besten live gespielt, begleitet und unterstützt diesen Vorgang.

Prozession zum Einzug und Auszug

Ein guter und sinnvoller Ort, Bewegung verstärkt in das Gottesdienstgeschehen miteinzubeziehen, ist der Bereich, wo sowieso schon Bewegung stattfindet, nämlich am Anfang und am Ende. Hier geht es nun aber darum, dieses bewusst so zu gestalten, zu erleben und an alte Traditionen der Prozession wieder anzuknüpfen. Hier bieten sich einige Gestaltungsmöglichkeiten an:

Die Gemeinde versammelt sich z.B. draußen vor der Tür oder im Vorraum der Kirche. Nach dem Einsetzen der Musik (gut wäre hier die vertraute Orgel mit einem langsamen, gleichmäßigen 4/4-Schreit-Rhythmus) setzt sich der Zug durch den Mittelgang Richtung Altarraum in Bewegung.

Mögliche Schrittmuster:
A: Ein langsames, bewusstes Schreiten ohne Unterbrechung; oder
B: re vor, li vor, re vor, li beigestellt (von vorn); oder
C: re vor, li vor, re vor, li rück (von vorn); oder
D: 4 Gehschritte wie bei **B**, danach 4 Zähleinheiten stehen bleiben, dabei Arme heben und senken - nach oben oder in Richtung Altar.
Pro Takt 4 Schritte.

Ist die einziehende Gemeinde dort angekommen, kann sie nach einer Begrüßung und einem Votum langsam in die Bankreihen gehen.

Das Gehen kann hintereinander, paarweise nebeneinander oder in Gruppen aufgeteilt geschehen - im Mittelgang sowie in den Seitengängen. Ebenso lässt sich ein Auszug nach der Gottesdienstfeier gestalten.

Fröhlich-beschwingt wird eine derartige Prozession z.B. durch das Bewegungslied: „Die Liebe setzt uns in Bewegung“; s. Kap. 2.2 „Liedtänze zu liturgischen Gottesdienstelementen“.

Gloria-Tanz

Ein freudiger, lobpreisender Tanz lässt sich schnell und einfach für die ganze Gemeinde (z.B. Familiengottesdienst, Osternacht) nachvollziehbar erlernen. Die Musik bietet einen beschwingten 4/4-Rhythmus an, zu dem man leicht gehen kann. Ein mögliches Bewegungsmuster:

Takt 1 + 2: 8 Schritte im Kreis durchgefasst nach rechts gehen.
Takt 3 + 4: 4 Schritte zur Kreismitte (Arme dabei heben) und zurück.
Takt 5 + 6: 8 Schritte nach links.
Takt 7 + 8: Kleine Kreise zu zweit bis zu viert am Platz drehend (in 8 Schritten), danach von vorn.

Natürlich sind auch andere Schrittkombinationen denkbar und wünschenswert, die auch aus den Reihen der Gemeinde kommen sollen.

Bewegtes Fürbittengebet mit Kyrie

Eine kleinere Gruppe stellt im Altarraum elementare, vorher überlegte Szenen andeutungsweise dar. Hierbei geht es um Situationen und Zustände, die beklagenswert sind und für die man beten möchte (z.B. Gewalt, Ungerechtigkeit, Arbeitslosigkeit). Nach einiger Zeit erstarrt die Gruppe und verharrt in ihrer Bewegung in einer typischen Pose.

Nun werden einige aus der Gemeinde gebeten, nach vorne zu kommen, um das Standbild so zu verändern, dass es sichtbar zu einer positiven Veränderung kommt (so wird es von Gott erbeten). Nach einer kurzen Zeit der stillen Betrachtung löst sich das Bild auf. Alle singen dann z.B. ein Kyrie mit Bewegung (siehe Kap. 2.2). Danach schließt sich eine zweite, danach dritte Szene an.

3.2 Biblische Texte in Tanz umgesetzt

„Du hast mich in die Tiefe geworfen" - Jona getanzt

Mit der biblischen Erzählung vom Propheten Jona (Jona 1-4, Kapitel 4 mit Einschränkungen) bietet sich die thematische und tänzerische Auseinandersetzung und Verarbeitung des Themas „Leid / Leidbewältigung". Im Gespräch können beispielhafte Metaphern besprochen werden: „Leid ist für mich, ...wie im Meer zu versinken...", „Mit meinem Leid fertig zu werden, heißt für mich... wie Jona neues Land zu sehen", usw.

Für die Besetzung des szenischen Jona-Tanzes werden 6 Personen benötigt: Neben der Figur des Jona eine Tänzergruppe von 5 Personen, die in fließenden Übergängen die Bevölkerung von Ninive, die Fischer sowie den Fisch darstellen. Die Tanzzeit beträgt ca. 8 Minuten; als begleitende Musik eignet sich z.B. „Equinoxe Part 1/2" von Jean Michel Jarre.

Die Jona-Geschichte kann wie folgt tänzerisch entwickelt werden:
1. spontanes Nachtanzen der Geschichte
2. Jona-Darstellung von jedem einzelnen, dann Gruppenbilder (Ninive)
3. Fixierung des Tanzablaufes, Erstellung der Grobstruktur, Feinstruktur

BILD 1

Jona versteht sich als Mann Gottes. - Er tritt allein vor den Altar und lässt sich mit der Sicherheit des Gerechten im Antlitz des Herrn nieder. Ninive, Typus einer Stadt, die von menschlichem Wollen und Handeln bestimmt wird, stellt sich als Gegenpol dar.

Vor den Augen Gottes, vor dem schlafenden Jona, werden verschiedene ausschweifende Lebensformen szenisch aufgenommen, um das Alltagsleben in dieser Stadt zu verdeutlichen.

Die Ninive-Gruppe schließt diese Episode mit einem gemeinsamen pantomimischen Anstoßen und einem engen Kopf-an-Kopf-Rundtanz ab. Die Einheit „Ninive“ zerfällt, die Einzelfiguren erstarren in ihren Bewegungen, der Blick wird nun auf Jona gelenkt.

BILD 2

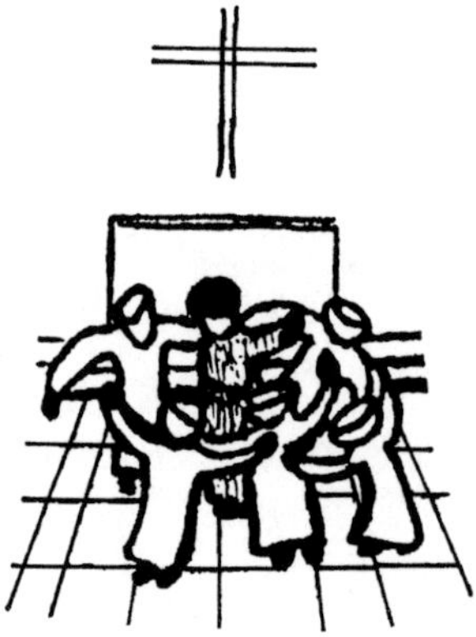

Jona erwacht, ihn traf die Weisung Gottes, nach Ninive zu gehen und der Stadt den Untergang anzukündigen, mitten hinein in seine Ruhe und Selbstsicherheit. Er, der Geweckte, richtet sich langsam auf, erstarrt in der Bewegung, getroffen durch das Wort Gottes. Die Last der Weisung drückt ihn nieder, beugt ihn tief.

Dann reagiert er mit Abwehr, erhebt sich, zieht sich Schritt für Schritt aus dem Altarraum zurück. Die zunehmende Gottesferne verstärkt die Angst vor dem Befehl Gottes, vor der Stadt Ninive. Dieser innere Konflikt wird von der erstarrten Ninive-Gruppe aufgenommen: Sie beginnt zu leben, den gepeinigten Jona einzukreisen, ihm durch Gebärden existentielle Bedrohung zu vermitteln.

Jona sieht sich der wachsenden Gefahr hilflos ausgeliefert, durchsticht mit letzter Kraft den ihn zunehmend einschließenden Kreis und flieht in die Gottlosigkeit, eine *vermeintliche* Anonymität. - Während Jona sein Gehetzt-Sein durchlebt, gruppiert sich „Ninive“ zu zwei Fischerreihen um.

Jona glaubt noch immer, sich dem Zugriff Gottes entziehen zu können. Er will nach Tharsis fliehen, bittet die Fischer um Aufnahme. Einer reicht ihm die Hand, zieht ihn ins Boot. Hier glaubt sich Jona sicher, verliert sich scheinbar in der Fischergemeinschaft. Als einer von Dreien markiert er eine Vorwärts- und Rückwärtsbewegung, ein Tauziehen. Jona verschwindet hinter den Rücken der anderen, wird ganz in die synchrone Bewegung mit aufgenommen. Schließlich meint er sich so sicher, dass er sich in ihrer Mitte zum Schlafen niederlegt.

Doch die Gefahr ist nur scheinbar gebannt. Gott, auch hier gegenwärtig, wirkt durch die Fischer. Sein Eingreifen wird an ihnen sichtbar. Sie haben über dem Schlafenden ein schützendes Armdach gebildet, scheinen über seinen Schlaf zu wachen.

Doch plötzlich bricht es auf, der Sturm, der von neuem Jonas Leben bedroht, nimmt seine Gestalt an. Die erhobenen Arme, der gesamte Körper der Fischer beginnt seitwärts zu schwingen, nimmt die Bewegung der vom Sturm gepeitschten Wellen auf. Die einstmals bergende Hand der Fischer wirft Jona jetzt hinaus ins Meer, hinaus in den Tod.

BILD 4

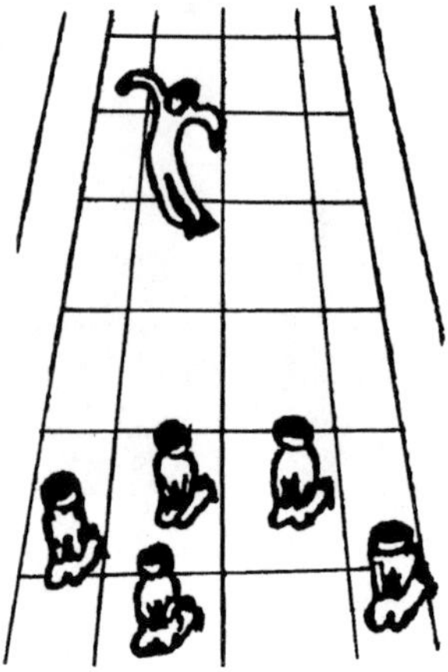

Der Sturm legt sich, die Fischer erkennen das Handeln Gottes, ergriffen wenden sie sich zum Altar, knien anbetend nieder. - Jona ist weiter dem Wasser der Vernichtung ausgeliefert, kämpft um sein Leben, erkennt seine Ohnmacht, versinkt und versinkt... - und wird aufgefangen.

BILD 5

Ein großer Fisch birgt den untergehenden Jona, zieht ihn zurück in den Altarraum, hinauf vor den Tisch des Herrn, hier sinkt Jona erschöpft zusammen, sich kaum seiner Rettung bewusst. Der Fisch steht im Zeichen des Herrn, er ist von ihm geschickt, symbolisch dargestellt von den bekehrten Fischern, die aus ihrer Erfahrung heraus fähig sind, den Ertrinkenden zum Herrn zu ziehen. Sie bilden mit dem Altar als Bindeglied einen heilbringenden Kreis um Jona.

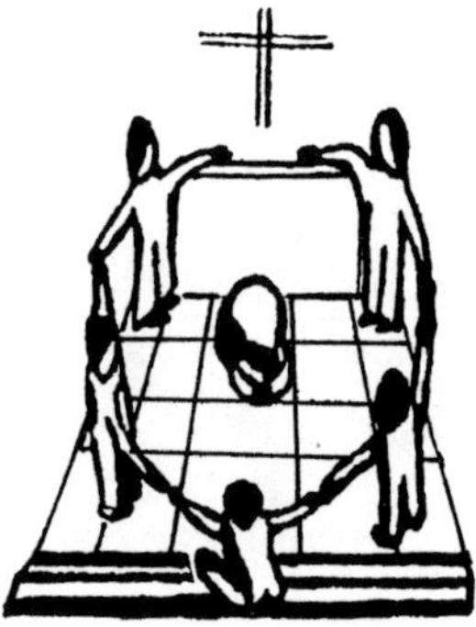

BILD 6

Eine Phase der Ruhe, in der Jona sich seines Gerettet-Seins bewusst wird, findet ihre Auflösung in einem neuerlichen „Erwachen“ Jonas. Er wächst aus der Tiefe empor, angefüllt mit Staunen über das Wunderbare, das Unerwartete. Er nimmt sich, seine Umwelt, die Wände des Fisches durch Fühlen, Tasten, Begreifen wahr.

Er wendet sich dem Altar zu, erkennt Gott in seiner Rettung, ist im Innersten getroffen, sinkt anbetend vor Gott, vor dem Altar nieder. Noch einmal wird ihm die Weisung Gottes bewusst: Ninive erscheint noch einmal als Stadt, die in Gottes Augen falsch lebt. Der Fisch wird über dem Haupte Jonas zum Ninive-Stadtbild: man trinkt, man schunkelt, usw.

BILD 7

Jona entscheidet sich jetzt für Gott, für Ninive, er erhebt sich mit geöffneten Armen, tritt aus dem Kreis der Ninive-Gruppe bewusst zurück, seine Haltung setzt Zeichen in ihrem Kreis. Ninive folgt mit den Augen dem Mann aus ihrer Mitte, wird betroffen, hält inne, wendet sich Gott zu, jenem, auf den Jona hinweist, folgt dem Mann mit dem Blick auf Gott.

Schritt für Schritt treten die Einzelnen zusammen, auf Jona zu, nehmen ihn in ihre Mitte, werden zu einem Jona, zu einem Geretteten, Jona zu einem der Ihren. Gemeinsame Gotteserfahrung führt sie zur Einheit zusammen.

Psalm 121 - gesprochen und getanzt

Während dieser bekannte Psalm langsam - Zeile für Zeile - gelesen wird, vollzieht eine Gruppe von Tänzer/innen die angegebenen Bewegungen. Als begleitende Musik eignet sich z.B. der israelische Tanz „Erew ba" (u.a. auf der CD „Gottes Geist bewegt die Erde", Paderborn 1998) oder eine andere ruhige Musik im 4/4-Takt.

„Psalm 121. Ein Lied zur Wallfahrt:"
Ausgangsposition: Im Kreis zur Mitte ausgerichtet stehen, ohne Handfassung. Vor Beginn eine Verbeugung.

„Ich hebe meine Augen auf zu den Bergen:"
Aus der Verbeugung aufrichten.

„Woher kommt mir Hilfe?"
Arme vor dem Körper nach oben führen, dann ausstrecken.

„Meine Hilfe kommt von dem Gott,..."
Arme seitlich zum „Kelch" öffnen.

„...der Himmel und Erde gemacht hat."
Oberkörper nach rechts und links drehen, dann Arme senken.

„Er wird deinen Fuß nicht gleiten lassen,..."
4 Gehschritte rückwärts, Handflächen hinten.

„...und der dich behütet, schläft nicht."
4 Gehschritte zur Kreismitte, Handflächen vorne.
(Pause: leichtes Wiegen.)

„Der Hüter Israels schläft und schlummert nicht."
8 Gehschritte in Tanzrichtung (evtl. Pilgerschritt).

„Der Herr behütet dich."
4 Gehschritte s.o., dabei re Hand auf li Schulter des/der vor einem Tanzenden.

„Er ist ein Schatten über deiner rechten Hand,..."
4 Gehschritte s.o., li Hand auf die Hand des/der hinter einem Tanzenden, dann Fassung lösen und Drehung nach li (Gesicht zur Kreismitte).

„...dass dir des Tages die Sonne nicht schade...“
4 Gehschritte rückwärts, Handflächen hinten.

„...noch der Mond des Nachts.“
4 Gehschritte zur Kreismitte, Handflächen vorne,
(Pause: leichtes Wiegen).

„Der Herr behüte dich...“
Arme vor dem Körper überkreuzen, dann gestreckt nach oben führen.

„...vor allem Übel,...“
Arme seitlich ausgestreckt absenken, bis sie sich mit den Armen der Nachbarn re und li kreuzen.

„...er behüte...“
Arme gestreckt nach oben führen, dann wieder vor dem Oberkörper kreuzen.

„...deine Seele,...“
Arme nach unten führen, dann gestreckt seitlich heben, bis sich die Hände der nebeneinander Stehenden treffen. Zum Kreis durchfassen.

„...der Herr behüte deinen Ausgang...“
4 Gehschritte rückwärts.

„...und Eingang...“
4 Gehschritte zur Kreismitte.

„...von nun an bis in Ewigkeit. - Amen.“
Statt der Pause (s.o.) mit 4 Schritten Rechtsdrehung am Platz.

© Tanz: *Charlotte Scheller*

3.3 Tänze zu biblischen Themen

In Beziehung-sein mit Gott - Ein „liturgischer Tango"

Neben der (sicherlich zu bevorzugenden) vertrauten, traditionellen (Kirchen-)Musik lässt sich punktuell auch einmal ein Musikstück und / oder ein Tanzstil aus einem anderen Kulturkreis in den Gottesdienst einbringen. Gut eingeführt und stimmig platziert, kann dieses zu einer Bereicherung des Geschehens mit beitragen. Als Beispiel ist hier eine Gruppenchoreografie zu einer argentinischen Tangomusik beschrieben. Durch diesen Tanz lassen sich biblische Bezüge zu Themenfeldern wie „Nachfolge", „Gemeinschaft", „Glaubensweg" und „Beziehung" herstellen.

Als Musik kann jede Tango-Argentino-Musik mit klarem, kontinuierlichem Rhythmus verwendet werden, z.B. das Stück „Delusion" auf: „El choclo Original Tango", CBS (CD-80203).

Eine Gruppe bereitet den Tanz vor. Dieses lässt sich gut mit einem Gespräch über Beziehungsformen verbinden - auch, wie die Beziehung zu Gott erlebt wird. Einige dieser Beziehungs-Muster sind als Bewegungs-Muster in diesem Tango verarbeitet. Der Tango selbst ist schon ein Beziehungs- und Berührungstanz. Es gibt drei Abschnitte (neue Formen können natürlich entwickelt werden):

Aufstellung: paarweise hintereinander, durchgefasst im Kreis.

Teil 1: ***„Allein"***
(Rücken hinter Rücken). Beginn nach rechts auf der Kreisbahn in Tanzrichtung:

> re vor gehen, li gehen, ein Wechselschritt (re-li-re);
> li rück wiegen, re vor wiegen 2 mal;
> li rück gehen, re rück gehen, ein Wechselschritt (li-re-li);
> re vor wiegen; li rück wiegen 2 mal.

Den ganzen Teil 1 wiederholen.
Eine Drehung (jede/r für sich am Platz) leitet zur nächsten Form über:

Teil 2: ***„in Gemeinschaft"***
Alle im Kreis zur Mitte hin und zurück, einander zugewandt;
Schritte wie in Teil 1, ebenfalls wieder 2 mal vor und zurück;
eine Drehung...

Teil 3: ***„ein Gegenüber haben“***

Wieder in Tanzrichtung auf der Kreisbahn. Jetzt wenden sich die vorher gebildeten Paare einander zu (weiterhin alle im Kreis durchfassend):

Person **I** beginnt vorwärts mit rechts, Person **II** zeitgleich rückwärts mit links. Nach einem Durchgang Wechsel: **I** rück mit links und **II** vor mit rechts, auch dieses 2 mal hintereinander. Dann können Wiederholungen und / oder weitere Formen angehängt werden - je nach Musiklänge; der Tanz sollte ca. drei Minuten dauern.

Die Gruppe trägt dann den erarbeiteten Tanz in den Gottesdienst ein und tanzt ihn nach entsprechender Einleitung im Altarraum. Die Gemeinde sieht diesen bewegten Bildern zu und lässt sich innerlich mitbewegen. Im Anschluss an den Tanz kann z.B. ein Predigtimpuls kommen, danach bietet sich eine Wiederholung des Tangos an. Gut wäre das Angebot zu einem Nachgespräch im Anschluss an den Gottesdienst. Interessierte könnten dann eingeladen werden, den Tanz selbst auch einmal auszuprobieren und mit den bereits geübten Tänzer/innen zu tanzen.

Auf dem Weg sein - Ein „Wege-Tanz“

Dieser Tanz lässt sich gut mit der Weg-Thematik (suchen, finden, zweifeln, glauben, unterWEGssein,...) verbinden und eignet sich sowohl für einen Gottesdienst als auch für ein Gemeindefest oder ein Seminar. Wo es hilfreich ist, kann eine kleinere (eingeübte) Gruppe ihn vortanzen, danach sind alle zum Mittanzen eingeladen. Er kann in einem großen Kreis, in mehreren kleineren Kreisen oder aber auch in Reihen getanzt werden.

Als (Live)musik eignet sich jedes gleichmäßig fließende Stück im ¾ Takt. Gut geeignet ist auch der Titel „The blue clarinet waltz“ von Giora Feidman auf seiner CD „Journey“.

Es wechseln sich zwei Teile ab und es beginnt mit Gehschritten nach rechts auf der Kreisbahn: Pro Takt ein Schritt auf Zählzeit 1.

Teil 1:

Takt 1 - 4:	re vor, li vor, re vor, li rück.
Takt 5 - 8:	re rück, li rück, re wiegen, li wiegen (dabei nach links wenden in die neue Richtung).
Takt 9 - 12:	re vor, li vor, re vor, li rück.
Takt 13 - 16:	re rück, li rück, re drehn, li drehn (je eine halbe Drehung, dabei loslassen). Endet mit Körperfront zur Mitte.

Teil 2:

Takt 1 - 4:	(in rechter Richtung) re seit, li vor, re am Platz, li rückseit.
Takt 5 - 8:	(in linker Richtung) re vor, li am Platz, re rückseit, li am Platz.
Takt 9 - 12:	wie Takt 1 - 4.
Takt 13 - 16:	(in linker Richtung) re vor, li am Platz, re drehn, li drehn (je $^1/_2$ Drehung).

Danach mit Teil 1 auf der Kreisbahn nach rechts erneut beginnen.

Ein Tanz zum Lied: „Der Abend kommt..."

Text: Jörg Zink, Melodie: Hans-Jürgen Hufeisen[18]*;*
© Tanz: Manfred Büsing

Einsatzmöglichkeit: Abendgottesdienst, Wochenschlussandacht, Passionszeit.

Die Gemeinde wird eingeladen, mitzutanzen, zumindest aber mitzusingen. Die Tanzenden versammeln sich z.B. je nach örtlicher Gegebenheit und Möglichkeit am oder im Altarraum.

---

[18] Aus: „Gottesklang - Das kleine Liederbuch" zum Deutschen Evangelischen Kirchentag Stuttgart. © Kreuz Verlag, Stuttgart, 1999, Lied Nr. 30.

Möglichkeit A:
Die Gruppe steht im Kreis, einfach durchgefasst. Nach einem Vorspiel gemeinsam:

Takt 1 + 2:	re vor, li vor, re seit, li heran.
Takt 3 + 4:	re rück, li rück, re seit, li heran.
Takt 5 + 6:	re rück, li rück, re seit, li heran.
Takt 7 + 8:	re vor, li vor, re seit, li heran.

Wiederholen von vorne bis Ende.

Möglichkeit B:
Der Tanz lässt sich auch in einem Kreis in zwei Gruppen tanzen. Dabei zählt man zuvor nacheinander in **I + II** durch. Nach Vorspiel dann getrennt:

Alle „**I**" beginnen mit Takt 1, danach fortlaufend bis Ende; alle „**II**" beginnen zeitgleich mit Takt 5, danach fortlaufend bis Ende. Immer bei „re seit, li heran" wird im Kreis durchgefasst.

Der Liedtext kann tanzend mitgesungen / mitgesummt werden. Vielleicht lässt man sich in der Musik einfach auch nur gehen... Wer nicht mittanzen möchte, gehört genauso zur Gruppe und singt den Text mit. Am Platz ist im Stehen auch ein ganz einfaches, kleines „Wiegen" möglich.

Denkbar ist auch ein zunächst individuelles Gehen und Bewegen durch den (dunklen) Kirchenraum; zum Ende hin trifft man sich im (hellen) Altarraum.

Mögliche (methodische) Schritte:

- kurze verbale Hinleitung / Einstimmung: das Lied, die Musik erst einmal nur hören...
- Einladung zum gemeinsamen Tanz (eher die einfachere Möglichkeit **A** zu Beginn)
- kurze Erklärung und Einübung
- dann Lied und Tanz; anschliessend kurze Stille (das Lied, den Tanz nachklingen und nachwirken lassen...)

- wenn von der Situation her stimmig: Gebet / Segen und/oder Wiederholung des Liedes / des Tanzes
- an anderer Stelle / zu anderer Zeit: Austausch über Musik-, Text- und Tanz-Erfahrungen...

II 4 Texte

„Siehe, da ich die Stimme deines Grußes hörte, hüpfte mit Freuden das Kind in meinem Leibe." (Lukas 1,42)

II 4.1 Aphorismen und Lyrik

Aphorismen

Wo das Wort versagt,
da beginn dein Lied.
Wo kein Weg mehr ist,
stehe auf zum Tanz.

Siegfried Macht[19]

Beim Tanzen
rutscht die Seele
durch den Körper
und schaut überall
nach dem Rechten.

Bravade (mündlich überliefert)

Wir möchten uns rühren dürfen
unter der Berührung unseres Gottes -
das ist, was wir möchten!

Peter Lippert[20]

tanz ist fest und fest ist tanz
ganz heißt heil und heil heißt ganz
heile feste tanze ganz
gottes gäste heiler tanz

Siegfried Macht[21]

Klagend lobend ich
Du verborgen wandelnd
Wir ein Wellenweg

Manfred Büsing

---

[19] Aus: Siegfried Macht: „Gottes Geist bewegt die Erde - Lieder, die uns in Bewegung setzen". Bonifatius, Paderborn, 1994. © beim Autor.
[20] Zitiert in: S. Macht: „Kinder tanzen ihre Lieder". Bonifatius, Paderborn, 1991, S.11.
[21] Vgl. dazu: S. Macht: „Gottes Geist bewegt die Erde".

Jesus der Tänzer Meister ist,
Zum Tanze hat er hohe List,
Er wendet sich hin, er wendet sich her,
Sie tanzen alle nach seiner Lehr.

Aus der Bernhardinischen Mystik[22]

Zitate

„Sich regen bringt Segen."

volkstümliches Sprichwort

„Kommt und lasst uns tanzen, springen,
kommt und lasst uns fröhlich sein."

Fritz Jöde[23]

„Der Tanz ist unsere Mutterkunst."

Curt Sachs[24]

„Ich würde nur an einen Gott glauben,
der zu tanzen verstünde."

Friedrich Nietzsche[25]

Ich lobe den Tanz

Ich lobe den Tanz,
denn er befreit den Menschen
von der Schwere der Dinge
bindet den Vereinzelten
zur Gemeinschaft.

Ich lobe den Tanz,
der alles fordert und fördert
Gesundheit und klaren Geist
und eine beschwingte Seele.

---

22 Zitiert in: Th. P. van Baaren: „Selbst die Götter tanzen". Gütersloher Verlagshaus, Gütersloh, 1964, S.37.

23 Zitiert in: S. Macht: „Kinder tanzen ihre Lieder". Bonifatius, Paderborn, 1991, S.65.

24 Gefunden in Curt Sachs: „Eine Weltgeschichte des Tanzes". Berlin, 1933. Reprint: Hildesheim, 1976.

25 F. Nietzsche : „Also sprach Zarathustra". Werke in drei Bänden, Bd. II, hg. von K. Schlechta, München, 1955.

Tanz ist Verwandlung
des Raumes, der Zeit, des Menschen
der dauernd in Gefahr ist
zu zerfallen, ganz Hirn
Wille oder Gefühl zu werden.

Der Tanz dagegen fordert
den ganzen Menschen
der in seiner Mitte verankert ist
der nicht besessen ist
von der Begehrlichkeit
nach Menschen und Dingen
und von der Dämonie
der Verlassenheit im eigenen Ich.

Der Tanz fordert
den befreiten, den schwingenden Menschen
im Gleichgewicht aller Kräfte.

Ich lobe den Tanz.

O Mensch, lerne tanzen
sonst wissen die Engel
im Himmel mit dir
nichts anzufangen.

Augustinus zugeschrieben

Was tun?

die hände
nicht in den schoß legen
sondern in die des nachbarn
ihm unter die arme fassen
oder auf seinen ruhen
nicht stehenbleiben
vorwärts gehen
in kleinen schritten
aber beständig
und auch rückwärts manchmal
doch ohne angst
die richtung zu verlieren:
tanzen

Siegfried Macht[26]

---

[26] Aus: S. Macht: „In die Freiheit tanzen". Bonifatius, Paderborn, 1997. © beim Autor.

Freunde, kommt, lasst uns tanzen

Freunde, kommt, lasst uns singen, kommt lasst uns tanzen:
leibhaftig singen Gottes Lob.

Tanzt, wenn ihr glücklich seid, tanzt, wenn ihr traurig seid;
Bruder und Schwester sind Lied und Leid.

Kommt und tanzt mit uns wie
David einst tanzte vor dem Herrn,
wie David einst tanzte vor dem Herrn,
er tanzte als Hirte wie ein König,
tanzte als König wie ein Hirte,
er warf sein Kleid,
er warf sein Kleid,
er warf es von sich weit.

Moshe Nathanson, ins Deutsche*: Siegfried Macht*[27]

Kleines Osterlied

Der Herr ist auferstanden
zum Himmel und zur Erde,
er läuft mit meinen Füßen,
er ruft mit meinem Mund.

Der Herr ist auferstanden,
der Wirbel seines Mantels
dreht mich im Reigentanze.
Die Freude macht mich frei.

Kurt Rose[28]

---

[27] Vgl. dazu: S. Macht: „Gottes Geist bewegt die Erde“.
[28] Aus: Kurt Rose: „Fröhlicher Vogel Hoffnung“. Reihe: Neues für den Gottesdienst. Lutherisches Verlagshaus, Hannover, 1995.

...auf die Spur deiner Bewegung

Setze nicht einfach einen Fuß
vor den andern wo du doch
deine Zehenspitzen fragen kannst
wo sie hin wollen und
deine Ferse.
Kennst du die Geschichte
deiner Hände
bis unter die Fingerspitzen?
Lass dir erzählen -
Vom Lauf der Dinge
weißt du genug aber wie
läuft es mit dir?
Sind deine Füße
schon einmal mit dir durchgegangen und was
kannst du mit deinem Kopf außer
denken?

Höre
Es atmet
in dir
und kreist und fließt
schließ
dich an
gehe
in dich
damit du aus dir herausgehen kannst
komme ihr auf die Spur
deiner Bewegung

Siegfried Macht[29]

---

[29] Vgl. dazu: S. Macht: „Gottes Geist bewegt die Erde".

Deiner gedenk ich, Maria

Die du gehorsam warst, Maria,
dem freiheitsliebenden Gott,
der nicht nach der Pfeife tanzt,
die mit dem Tod
uns regieren.

Die du Jesus gebarst, Maria,
den Aufständischen
gegen die Herrenmacht derer,
die aus Gott einen Mann
und aus Frauen
Sklavinnen machten.
Die du zärtlich warst, Maria,
und voller Lebensfreude
und außer dem Einen
auch deine anderen
Söhne und Töchter
herzlich geliebt hast.

Deiner gedenk ich, Maria,
und sehe dich tanzen
Gebete des Friedens
und sehe dich tanzen
mit Brüdern und Schwestern
die lebendigen Psalmen
der Göttin Gott.

Kurt Marti[30]

Komm heiliger Geist

Komm heiliger Geist, du schöpferisch!
Den Marmor unserer Form zerbrich!
Dass nicht mehr Mauer krank und hart
Den Brunnen dieser Welt umstarrt,
Dass wir gemeinsam und nach oben
Wie Flammen ineinander toben!

Autor unbekannt[31]

---

[30] © beim Autor.

[31] Zitiert in einer ZDF-Sendung zu Pfingsten 1985.

Tanzlied am Ende
(zu Sprüche 8, 22-31)

Tanze mein Liebling
schön
bist du
wirf mir das All
deinen Ball
jetzt zu
tanz durch die leeren
Gewölbe
Tanzen und Sein
ist dasselbe

Tanze mein Liebling
die Zeit
ist aus
tanz durch ihr leeres
verschwundenes
Haus
du und dein Ball sind
geblieben
Tanzen heißt
leben und lieben

Tanze mein Liebling
mein Herz
wirf mir nun Welten
und Menschheit
hinein
wirf sie auch wenn sie
vergehen
Tanzen heißt
auferstehen

Silja Walter[32]

---

[32] Silja Walter: „Die Fähre legt sich hin am Strand. Ein Lesebuch". Hg. von Klara Obermüller. © 1950, 1999 by Arche Verlag AG, Zürich-Hamburg.

Die Gabe wurde vermehrt

Ich gab ein Gedicht.
Sie nahm das Gedicht und setzte es in Musik.
Er nahm das Gedicht und rief uns zum Gottesdienst.
Sie nahmen das Gedicht und lasen es im Chor
Sie nahm das Gedicht und predigte zu den Menschen.
Er nahm das Gedicht und tanzte seine Bedeutung.
Sie nahmen das Gedicht und lasen es gemeinsam.
Sie nahm das Gedicht und malte ein Bild.
Oh, Gott, die Gabe wurde vermehrt!

Ann Weems[33]

manifest für bewegung

brüder! schwestern!
bewegt eure ohren
bewegt eure augen
bewegt eure zungen

bewegt euch im lob
des bewegers der alles bewegt

besser bewegt euch
ihr brüder! ihr schwestern!
bewegt eure hände
bewegt eure hälse
bewegt eure körper

es kommt der tag
da ihr nichts mehr bewegt

schwestern! brüder!
bewegt euren geist
bewegt eure worte
bewegt die gedanken
die logischen ketten
die köstlicher schmücken
als gold und keramik

---

[33] Aus: Sybille Fritsch-Oppermann/ Bärbel von Wartenberg-Potter: „Die tägliche Erfindung der Zärtlichkeit. (GTB 489) Gütersloher Verlagshaus, Gütersloh, 1986.

es kommt die nacht
da ihr nichts mehr bewegt

freier bewegt euch
ihr brüder!
freier bewegt euch
ihr schwestern!
und brüder und schwestern
zusammen

im lob des bewegers
der alles bewegt

Kurt Marti[34]

Geht gemeinsam durch das Leben

Gut ist, wenn der Mensch nicht alleine geht;
wenn er fällt, dann ist wer, der bei ihm steht.

Geht gemeinsam durch das Leben,
tanzt gemeinsam durch die Zeit;
übt das Nehmen, übt das Geben,
teilt die Freude, teilt das Leid.

Siegfried Macht[35]

Legende

Vom Tisch des Abendmahls erhob
der Nazarener sich zum Gehn
und wandte sich mit seiner Schar
des Ölbergs stillen Wäldern zu.

Erloschen war der Wolken Glut;
in Hütt und Höfen ward es licht;
hell glänzten nah und näher schön
die Fenster von Gethsemane.

---

[34] Aus: Kurt Marti: „gedichte alfabeete und cymbalklang." © Wolfgang Fietkau Verlag, Kleinmachnow.
[35] Aus: Siegfried Macht: „Kinder tanzen ihre Lieder - Religiöse Sing- und Tanzspiele." Bonifatius, Paderborn, 1991. © beim Autor.

Aus einer Scheune klang vertraut
das Tanzlied eines Dudelsacks
und Magd und Bursche drehten sich
zum Feierabend drin im Tanz.

Und Jesus trat ans Tor und sah
mit tiefem Aug dem Treiben zu.
Und plötzlich übermannte ihn
ein dunkles, schluchzendes Gefühl.

Und, Tränen in den Augen, trat
er zu auf eine junge Magd
und fasste lächelnd ihre Hand
und schritt und drehte sich mit ihr.

Ehrfürchtig wich der rohe Schwarm;
die Jünger standen starr und bleich, -
Er aber schritt und drehte sich
als wie ein Träumer, weltentrückt.

Da brach auf eines Jüngers Wink
des Spielers Weise jählings ab -
ein krampfhaft Zucken überschrak
des Meisters hagre Hochgestalt - :

Und tiefverhüllten Hauptes ging
er durch das Tor dem Garten zu.
Wie dumpf Gestöhn verlor es sich
in der Oliven grauer Nacht.

Christian Morgenstern[36]

Also übte ich mich im Tanz...

„Ich gab mich nicht damit zufrieden, ich wollte auferstehen, also übte ich mich im Tanz, wobei es mir auch manchmal gelang, auf dem Kopf zu stehen, jedenfalls immer leichter zu werden und zu tanzen beginnen. Es ist ein Zustand des Gleitens und Schwebens, auch des inneren Lächelns, das weit entfernt von einer verbissenen Gottsuche mich doch am nächsten zu dem hingeführt hat, was den Gläubigen als Gegenwart Gottes erscheint.“

Marie Luise Kaschnitz[37]

---

36 Aus: Hans Benzmann (Hg.): „Moderne deutsche Lyrik“. Reclam, Leipzig, 1913.
37 Zitiert in einer ZDF-Sendung zu Pfingsten 1985.

Der Herr des Tanzes (I)

Ich tanzte an dem Morgen, als die Welt begann,
ich tanzte im ganzen Weltall dann,
ich kam von oben und ich tanzte auf dem Feld,
in Bethlehem kam ich zur Welt.

> Tanz, tanz, wo immer du auch bist.
> Ich bin der Herr des Tanzes für dich,
> und ich führe dich, wo immer du auch bist,
> ich bin der Herr im Tanz für dich.

Ich tanzte für den Schreiber und den Priester hier,
ich tanzte, sie aber tanzten nicht mit mir.
Ich tanzte für die Fischer an dem See:
folg mir nach, es kann weitergehn.

> Tanz, tanz, wo immer du auch bist...

Ich tanzte am Sabbat und ich heilte einen Mann.
Die Frommen fragten, ob man das denn machen kann.
Sie schlugen mich, peitschten mich, hängten mich hoch
und feierten meinen Kreuzestod.

> Tanz, tanz, wo immer du auch bist...

Ich tanzte am Karfreitag und der Himmel war schwarz,
doch tanzte sich's nicht gut mit den Bösen als Last.
Sie begruben meinen Körper und sie dachten: „alles klar",
aber ich bin der Tanz, es geht weiter ja.

> Tanz, tanz, wo immer du auch bist...

Sie schlugen mich klein, doch ich sprang hoch herauf.
Ich bin das Leben, darum gebt euch niemals auf.
Ich tanze in dir, so tanz du jetzt für mich,
ich bin der Herr, komm und tanz für mich.

> Tanz, tanz, wo immer du auch bist...

Rüdiger Maschwitz[38]

[38] Aus: „Mein Liederbuch". tvd-Verlag, Düsseldorf, 1981. © beim Autor. -
In diesem Liederbuch findet sich unter der Nummer D 25 auch der englische Originaltext „Lord of the dance" von Sydney Carter, welcher die Grundlage dieser und beider nachfolgender Übertragungen ist.

Der Herr des Tanzes (II)

Ich tanzte an dem Morgen, da die Welt begann,
und ich tanzte Mond und Sterne und die Sonne an,
und ich tanzte aus dem Himmel auf die Erde hin
bis nach Bethlehem, wo ich geboren bin.

Tanzt, tanzt, was immer auch gescheh!
Ich bin der Herr des Tanzes, ohé,
und ich führ euch alle, was immer auch gescheh,
und ich führe euch alle im Tanz, ohé!

Ich tanzte für die ganze Pharisäerschar,
doch sie tanzten nicht mit mir, weil Sabbat war,
da tanzt' ich für die Fischer, für Simon und Johann,
und als sie mich sahn, ging das Tanzen an!

Tanzt, tanzt, was immer auch gescheh...

Ich tanzte am Sabbat den Gelähmten gesund,
die Frommen warn voll Zorn seit dieser Stund,
sie peitschten mich und hefteten ans Kreuz mich an
und liessen mich dort, den sterbenden Mann.

Tanzt, tanzt, was immer auch gescheh...

Ich tanzte am Karfreitag unterm Himmel schwarz und leer,
mit dem Tod auf der Schulter tanzt sichs schwer.
Sie begruben meinen Leib und dachten: Jetzt ist's aus!
Doch der Herr des Tanzes, der tanzte sich heraus!

Tanzt, tanzt, was immer auch gescheh...

Sie wälzten den Stein, doch ich tanzte mich frei.
Ich bin das Leben, und der Tod ist vorbei!
Ich tanzte mit euch durch Freude und durch Weh!
Ich bin der Herr des Tanzes, ohé!

Tanzt, tanzt, was immer auch gescheh...

Kurt Rose[39]

---

[39] Exklusiv für dieses Buch aus dem Englischen übertragen. © bei Wolfgang Teichmann.

Der Herr des Tanzes (III)

Ich tanzte am Morgen als die Welt begann,
Licht war mein Tanz und der Tag brach an.
Als Kind kam ich in einer kalten Nacht,
in Bethlehem nahm ich ihr die Macht.

Tanz nur, wo immer du auch bist!
Ich bin des Tanzes Herr, dies wiss´t!
Und ich führe euch, wo immer ihr auch seid,
und ich tanze den Tanz bis in Ewigkeit.

Ich tanzte für Priester und für Geistlichkeit,
ich lud sie ein - keiner war zum Tanz bereit.
Ich tanzte für Fischer an so manchem Ort,
die riss der Tanz schon bald mit sich fort.

Tanz nur, wo immer du auch bist...

Ich tanzte am Sabbat, heilte den, der lahm.
Die Frommen riefen, ich hätte keine Scham.
Sie schlugen und banden und hingen mich
und riefen am Kreuz: „Warum tanzt du nicht ?!"

Tanz nur, wo immer du auch bist...

Ich tanzte am Freitag unter ihrem Blick.
Es tanzt sich schlecht mit dem Teufel im Genick.
Sie schlossen das Grab mit dem Stein davor,
doch den Tanz zu begraben denkt nur ein Tor.

Tanz nur, wo immer du auch bist...

Ich tanzte zur Hölle und zum Himmel auf:
Ich bin das Leben, das Leben hört nie auf.
Ich bin in dir, bist du in mir.
Ich bin der Tanz, sprach er zu mir.

Tanz nur, wo immer du auch bist...

Siegfried Macht[40]

[40] Vgl. dazu: S. Macht: „Gottes Geist bewegt die Erde". © beim Autor.

Es werde Licht

Wir tanzen, wir tanzen um das goldne Kalb tanzen wir nicht.
Wir tanzen, wir tanzen auf dem Vulkan tanzen wir nicht.
Wir tanzen nicht um die Mächtigen,
wir tanzen nicht um die Prächtigen.
Wir tanzen vor dem Licht, das unsre Nacht durchbricht.

Es werde Licht, das die Nacht durchbricht,
es werde Licht, das die Nacht durchbricht.

Wir tanzen, wir tanzen mit dem Feuer, das unsre Schuld verbrennt,
wir tanzen vor dem Einen, der uns alle kennt.

Es werde Licht, das die Nacht durchbricht,
es werde Licht, das die Nacht durchbricht.

Wir tanzen, wir tanzen vor dem Brot, das unseren Hunger stillt,
wir tanzen vor dem Wein, der uns mit Hoffnung füllt.

Es werde Licht, das die Nacht durchbricht,
es werde Licht, das die Nacht durchbricht.

Wir tanzen vor Einem, der die Lahmen zum Tanzen bringt,
wir tanzen vor Einem, der im Tanz über den Schatten springt.

Es werde Licht, das die Nacht durchbricht,
es werde Licht, das die Nacht durchbricht.

Wir tanzen, wir tanzen vor dem Licht, das unsre Nacht durchbricht,
wir tanzen auf der Erde, dass sie Himmel werde.

Es werde Licht, das die Nacht durchbricht,
es werde Licht, das die Nacht durchbricht.

Text: Wilhelm Willms, Musik: Peter Janssens[41]

[41] „Ein Halleluja für dich." © Peter Janssens, Musik Verlag, Telgte/Westfalen, 1973.

II 4.2 Liedstrophen und Bibelverse

Liedstrophen aus dem Evangelischen Gesangbuch

Davon ich allzeit fröhlich sei,
zu springen, singen immer frei
das rechte Susaninne* schön,
mit Herzenlust den süßen Ton.

(* Wiegenlied) *Martin Luther* 1535;
EG 24 „Vom Himmel hoch“, Strophe 14

Macht eure Lampen fertig
und füllet sie mit Öl
und seid des Heils gewärtig,
bereitet Leib und Seel!
Die Wächter Zions schreien:
„Der Bräutigam ist nah!“
Begegnet ihm im Reigen
und singt: Halleluja!

Lorenz Lorenzen 1700;
EG 151 „Ermuntert euch, ihr Frommen“, Strophe 2

Und suchst du meine Sünde,
flieh ich von dir zu dir,
Ursprung, in den ich münde,
du fern und nah bei mir.

Wie ich mich wend und drehe,
geh ich von dir zu dir;
die Ferne und die Nähe
sind aufgehoben hier.

Von dir zu dir mein Schreiten,
mein Weg und meine Ruh,
Gericht und Gnad, die beiden
bist du - und immer du.

Schalom Ben-Chorin 1966; EG 237

So kommet vor sein Angesicht
mit jauchzenvollem Springen;
bezahlet die gelobte Pflicht
und lasst uns fröhlich singen:
Gott hat es alles wohl bedacht
und alles, alles recht gemacht.
Gebt unserm Gott die Ehre.

Johann Jakob Schütz 1675;
EG 326 „Sei Lob und Ehr dem höchsten Gut“, Strophe 9

Nun freut euch, lieben Christen g’mein,
und lasst uns fröhlich springen,
dass wir getrost und all in ein
mit Lust und Liebe singen,
was Gott an uns gewendet hat
und seine süße Wundertat;
gar teu’r hat er’s erworben.

Martin Luther 1523;
EG 341 „Nun freut euch, lieben Christen g’mein“, Strophe 1

Dem Reichen hilft doch nicht sein Gut,
dem Jungen nicht sein stolzer Mut,
er muss aus diesem Maien;
wenn einer hätt die ganze Welt,
Silber und Gold und alles Geld,
doch muss er an den Reihen*.

(* Reigen, Totentanz) *Georg Grünwald 1530*;
EG 363 „Kommt her zu mir, spricht Gottes Sohn“, Strophe 4

Hüpf auf, mein Herz, spring, tanz und sing,
in deinem Gott sei guter Ding,
der Himmel steht dir offen.
Lass Schwermut dich nicht nehmen ein,
denn auch die liebsten Kinderlein
hat stets das Kreuz betroffen.
Drum sei getrost und glaube fest,
dass du noch hast das Allerbest
in jener Welt zu hoffen.

Johannes Mühlmann 1618;
EG 399 „O Lebensbrünnlein tief und groß“, Strophe 7

Ausgewählte Bibelverse aus dem Alten Testament[42]

„Da nahm Mirjam, die Prophetin, Aarons Schwester, eine Pauke in ihre Hand, und alle Frauen folgten ihr nach mit Pauken im Reigen."

2. Mose 15,20

(Dazu Verweis auf Psalm 68,26: „Die Sänger gehen voran, am Ende die Spielleute, in der Mitte die Jungfrauen, die da Pauken schlagen.")

„Als nun Josua das Geschrei des Volks hörte, sprach er zu Mose: Es ist ein Kriegsgeschrei im Lager. Er antwortete: Es ist kein Geschrei wie bei einem Sieg, und es ist kein Geschrei wie bei einer Niederlage, ich höre Geschrei wie beim Tanz. Als Mose aber nahe zum Lager kam und das Kalb und das Tanzen sah, entbrannte sein Zorn, und er warf die Tafeln aus der Hand und zerbrach sie unten am Berge."

2. Mose 32,17-19

„Als nun Jeftah nach Mizpa zu seinem Hause kam, siehe, da geht seine Tochter heraus ihm entgegen mit Pauken und Reigen; und sie war sein einziges Kind, und er hatte sonst keinen Sohn und keine Tochter."

Richter 11,34

„Wenn ihr dann seht, dass die Töchter Silos zum Reigentanz herausgehen, so brecht hervor aus den Weinbergen und raubt euch jeder eine Frau von den Töchtern Silos und geht heim ins Land Benjamin."

Richter 21,21

„Die Benjaminiter taten das und nahmen sich Frauen nach ihrer Zahl von den Mädchen, die im Reigen tanzten und die sie geraubt hatten, und zogen heim in ihr Erbteil, bauten die Städte wieder auf und wohnten darin."

Richter 21,23

„Es begab sich aber, als David zurückkam vom Sieg über die Philister, dass die Frauen aus allen Städten Israels herausgingen mit Gesang und Reigen dem König Saul entgegen unter Jauchzen, mit Pauken und mit Zimbeln. Und die Frauen sangen im Reigen und sprachen: Saul hat tausend erschlagen, aber David zehntausend."

1. Samuel 18,6+7

(Dazu Verweis auf Richter 11,34 s.o.)

---

[42] Luther-Bibel in der Übersetzung von 1984.

„Aber die Großen des Achisch sprachen zu ihm: Ist das nicht David, der König des Landes, von dem sie im Reigen sangen: Saul schlug tausend, David aber zehntausend?“

1. Samuel 21,12

„Ist das denn nicht derselbe David, von dem sie sangen im Reigen: Saul hat Tausend geschlagen, David aber Zehntausend?“

1. Samuel 29,5

„Und als sie ihn mit der Lade Gottes aus dem Hause Abinadabs führten, der auf dem Hügel wohnte, und Achjo vor der Lade herging, tanzten David und ganz Israel vor dem Herrn her mit aller Macht im Reigen, mit Liedern, mit Harfen und Psaltern und Pauken und Schellen und Zimbeln.“

2. Samuel 6,4+5

„Und David tanzte mit aller Macht vor dem Herrn her und war umgürtet mit einem leinenen Priesterschurz.“

2. Samuel 6,14

„Und als die Lade des Herrn in die Stadt Davids kam, guckte Michal, die Tochter Sauls, durchs Fenster und sah den König David springen und tanzen vor dem Herrn und verachtete ihn in ihrem Herzen.“

2. Samuel 6,16

„David aber sprach zu Michal: Ich will vor dem Herrn tanzen, der mich erwählt hat vor deinem Vater und vor seinem ganzen Hause, um mich zum Fürsten zu bestellen über das Volk des Herrn, über Israel.“

2. Samuel 6,21

„David aber und ganz Israel tanzten mit aller Macht vor Gott her, mit Liedern, mit Harfen, mit Psaltern, mit Pauken, mit Zimbeln und mit Trompeten.“

1. Chronik 13,8

„Als nun die Lade des Bundes des Herrn in die Stadt Davids kam, sah Michal, die Tochter Sauls, zum Fenster hinaus, und als sie den König David tanzen und spielen sah, verachtete sie ihn in ihrem Herzen.“

1. Chronik 15,29

„Auf seinem Nacken wohnt die Stärke, und vor ihm her tanzt die Angst."

Hiob 41,14

„Du hast mir meine Klage verwandelt in einen Reigen, du hast mir den Sack der Trauer ausgezogen und mich mit Freude gegürtet."

Psalm 30,12

„Eine Unterweisung Davids, vorzusingen, zum Reigentanz."

Psalm 53,1

„Und sie singen beim Reigen: Alle meine Quellen sind in dir!"

Psalm 87,7

„Ein Psalmlied der Söhne Korach, vorzusingen, zum Reigentanz im Wechsel, eine Unterweisung Hemans, des Esrachiters"

Psalm 88,1

„Wer seinen Nächsten heimlich verleumdet, den bring ich zum Schweigen. Ich mag den nicht, der stolze Gebärde und hoffärtige Art hat."

Psalm 101,5

„Israel freue sich seines Schöpfers, die Kinder Zions seien fröhlich über ihren König. Sie sollen loben seinen Namen im Reigen, mit Pauken und Harfen sollen sie ihm spielen."

Psalm 149,3+4

„Lobet ihn mit Posaunen, lobet ihn mit Psalter und Harfen! Lobet ihn mit Pauken und Reigen, lobet ihn mit Saiten und Pfeifen!"

Psalm 150,3+4

„Wie einem Gelähmten das Tanzen, so steht dem Toren an, von Weisheit zu reden."

Sprüche Salomos 26,7

„...weinen hat seine Zeit, lachen hat seine Zeit; klagen hat seine Zeit, tanzen hat seine Zeit;..."

Prediger Salomo 3,4

„Wende dich hin, wende dich her, o Sulamith! Wende dich hin, wende dich her, dass wir dich schauen! Was seht ihr an Sulamith beim Reigen im Lager?“

Hohelied Salomos 7,1

„So hat der Herr gesprochen: Weil die Töchter Zions stolz sind und gehen mit aufgerecktem Halse, mit lüsternen Augen, trippeln daher und tänzeln und haben kostbare Schuhe an ihren Füßen.“

Jesaja 3,16

„Wohlan, ich will dich wiederum bauen, dass du gebaut sein sollst, du Jungfrau Israel; du sollst dich wieder schmücken, Pauken schlagen und herausgehen zum Tanz.“

Jeremia 31,4

„Alsdann werden die Jungfrauen fröhlich beim Reigen sein, die junge Mannschaft und die Alten miteinander; denn ich will ihr Trauern in Freude verwandeln und sie trösten und sie erfreuen nach ihrer Betrübnis.“

Jeremia 31,13

„Unsres Herzens Freude hat ein Ende, unser Reigen ist in Wehklagen verkehrt.“

Klagelieder Jeremias 5,15

„Da gerieten diese Länder so sehr in Furcht, dass die Fürsten und Vornehmen samt dem Volk ihm entgegenkamen und ihn aufnahmen mit Kränzen und Fackeln, im Reigentanz mit Pauken und Pfeifen.“

Judit 3,8

Ausgewählte Bibelverse aus dem Neuen Testament[43]

„Und es begab sich, als Elisabeth den Gruß Marias hörte, hüpfte das Kind in ihrem Leibe. Und Elisabeth wurde vom heiligen Geist erfüllt [...] Denn siehe, als ich die Stimme deines Grußes hörte, hüpfte das Kind vor Freude in meinem Leibe."

Lukas 1,41+44

„Wir haben euch aufgespielt, und ihr wolltet nicht tanzen; wir haben Klagelieder gesungen, und ihr wolltet nicht weinen."

Matthäus 11,17

„Als aber Herodes seinen Geburtstag beging, da tanzte die Tochter der Herodias vor ihnen. Das gefiel dem Herodes gut."

Matthäus 14,6

„Da trat herein die Tochter der Herodias und tanzte und gefiel Herodes und denen, die mit am Tisch saßen. Da sprach der König zu dem Mädchen: Bitte von mir, was du willst, ich will dir's geben."

Markus 6,22

„Aber der ältere Sohn war auf dem Feld. Und als er nahe zum Hause kam, hörte er Singen und Tanzen".

Lukas 15,15

„Das Reich Gottes kommt nicht mit äußerlichen Gebärden; sehet, das Reich Gottes ist inwendig in euch".

Lukas 17,20b.21

„Werdet auch nicht Götzendiener, wie einige von ihnen es wurden, wie geschrieben steht (2. Mose 32,6): »Das Volk setzte sich nieder, um zu essen und zu trinken, und stand auf, um zu tanzen.«"

1. Korinther 10,7

[43] Luther-Bibel in der Übersetzung von 1984.

II 4.3 Gebete und Texte zur Liturgie

Votum zum Eingang

Herr
lass mich wohnen
in deinem Wort
in meinem Tanz
schon
bin ich zu Haus
und das Lied der Freude
ist meine Tür

Siegfried Macht[44]

Herr, zeig uns den Tanz, der vor dir besteht,
der nicht ums goldene Kalb sich dreht.
Sei du die Mitte
und führ die Schritte,
dass es gerät.

Siegfried Macht[45]

Einleitung in den Gottesdienst

Wir wollen Gottesdienst feiern - wir wollen ein Fest feiern.
Ein Fest, das ist das Gegenteil vom Alltag,
ist Unterbrechung von Geschäftigkeit und Arbeit.

Lasst uns den Alltag ganz ablegen,
nichts mehr beabsichtigen, nirgendwohin streben.

Lasst uns - ganz zweckfrei - einfach *sein*!
Ganz bei sich selbst sein - ganz offen sein für Gott:

Erfüllt sein von Gott - und suchen nach Gott,
anbeten, loben, danken - und demütig bitten,
eingezwängt sein - und Befreiung erleben,
sich der Trauer hingeben - und ganz voll vor Freude sein -

All das kann zur Begegnung mit Gott gehören.

---

44 Vgl. S. Macht: „Gottes Geist bewegt die Erde". © beim Autor.
45 © beim Autor.

Wenn ich zur Ruhe komme, will auch mein Körper ruhig werden;
wenn ich Gott lobe, will auch mein Körper in das Lob mit einstimmen,
wenn ich klage, will mein ganzer Körper nur Klage sein;
wenn ich voller Freude bin, will diese Freude nach außen dringen,
sich ausdrücken und sichtbar werden in der Bewegung
meines ganzen Körpers, in Lachen, Singen und Tanzen.

Ganz bei mir selbst sein und gleichzeitig: mich vergessen;
das, was ich in Worten nicht sagen kann,
dennoch mitteilen -
vielleicht gelingt es in der Bewegung, im Tanz!

Lasst uns Gottesdienst feiern mit Seele und Körper,
lasst uns Gott aufnehmen mit Gedanken und Sinnen,
lasst uns ihm dienen mit Gebet, Gesang und Bewegung!

Charlotte Scheller[46]

Eingangsgebet

Herr, gib, dass wir unser Dasein leben
Nicht wie ein Schachspiel, bei dem alles berechnet ist,
Nicht wie einen Match, bei dem alles schwierig ist,
Nicht wie ein Zahlenproblem, bei dem man sich den Kopf zerbricht,
Sondern wie ein endloses Fest, bei dem man dir immer begegnet
Wie einen Ball, einen Tanz
in den Armen deiner Gnade,
Während Musik der Liebe uns allseits umfasst.

Herr, komm und lade uns ein. -

Amen.

Madeleine Delbrêl[47]

46 © bei der Autorin.
47 Aus: „Wir Nachbarn der Kommunisten". © 1975 by Johannes Verlag, Einsiedeln.

Einladung zum Kyrie

Gib
meinem Glauben
Klarheit. -
Gib
meinem Leben
Kraft. -
Gib
meiner Liebe
Weite. -

Gott,
bewege mich.

Heinz-Günter Beutler-Lotz[48]

Einladung zum Gloria

Herr, lass uns dich loben
mit unsrer Bewegung!

Herr, lass uns dich loben
mit unsrer Bewegung, mit dem,
was wir spielen und tanzen und singen.
Herr, lass uns dich loben!

Kurt Rommel[49]

So kommet vor sein Angesicht
mit jauchzenvollem Springen;
bezahlet die gelobte Pflicht
und lasst uns fröhlich singen:
Gott hat es alles wohl bedacht
und alles, alles recht gemacht.
Gebt unserm Gott die Ehre.

Johann Jakob Schütz 1675; (EG 326, Strophe 9)

---

48 © beim Autor.
49 by Gustav Bosse Verlag, Kassel.

Schlussgebete

Schenke uns Gott
einen gelassenen Schritt
ein gelassenes Auge
gelassene Hände
einen gelassenen Geist
in all den Beengungen
frei von Enge
frei von Verkrampfungen
schenke uns Gott
die Fähigkeit zu tanzen
die Arme auszubreiten
und zu tanzen
die Ketten des Schicksalglaubens
fallen zu lassen
in der Verzweiflung „trotzdem“ zu sagen
erlebnisfähig zu werden für das Wesentliche
Freude auszudrücken und zu verschenken
Leid zu teilen und mitzutragen
und immer wieder zu tanzen
hilf uns Gott
dass wir uns nicht um uns selbst
und nicht nur auf der Stelle drehen
uns nicht im Schwindelgefühl verlieren
dass wir bei unserem Tanz
im Glauben an dich
das Gleichgewicht halten

Amen.

Doris Lindenblatt[50]

Kräftig bewegst du,
lebendiger Gott,
die Geschichte der Menschen und Völker
aus Erstarrung zum Aufbruch.

Führe auch uns hinaus
über den Streit um leere Worte,
hinaus über das Verurteilen anderer;
mit dem sich unser Glaube erschöpft.

Lass unser Leben bewegt werden
vom Geist des Evangeliums,
von dem langen Atem der Liebe Jesu,
der auch durch unsere Tage weht.

[51]

Bleibender Vater
kommender Sohn
tanzende Mutter Geist
du unser Ursprung
spring uns voran
dass du den Weg uns weist

Bleibender Vater
kommender Sohn
tanzende Mutter Geist
du unsre Mitte
keiner dich sieht
der sich nur selbst umkreist

Bleibender Vater
kommender Sohn
tanzende Mutter Geist
halt uns im Reigen
einiger Gott
dass unser Bund nicht reißt

Siegfried Macht[52]

---

[51] Aus: F. K. Barth/G. Grenz/P. Horst (Hg.): „Gottesdienst menschlich - Eine Agende". Peter Hammer Verlag, Wuppertal, Gesamtausgabe 1990, S. 212.
[52] Vgl. S. Macht: „In die Freiheit tanzen". © beim Autor.

Segensworte

Wenn der Boden
unter meinen Füßen schwankt,
reichst du mir deine Hand
und hältst mich fest.

Wenn ich keinen Boden mehr
unter den Füßen habe,
stellst du mich auf festen Grund.

Wenn die Erde sich auftut,
um mich zu verschlingen,
umgibst du mich mit deiner Liebe,
und dein Reich ist nicht zu zerstören.

So bleibe bei uns
mit deinem Segen für Leib und Seele.

So bleibe bei uns
mit deiner Kraft für Geist und Sinn.

So bleibe bei uns
mit deiner Liebe auf allen unseren Wegen.
Bleibe bei uns, Herr,
mit deinem Segen.

Uwe Seidel[53]

Ich sage euch
Schalom - Friede sei mit euch.
Ich grüße euch mit
Schalom - ihr sollt unversehrt sein.
Ich sage euch
Schalom - eure Schuld soll beglichen sein.

So gebt euch ein Zeichen des Friedens
mit Herzen, Mund und Händen.
(...)
Schalom - Friede sei mit euch.

unbekannter Verfasser[54]

---

[53] © tvd-Verlag, Düsseldorf.

[54] Aus: „Beten - Texte zum Mitdenken und Nachsprechen". Band 19 in der Reihe „THEMA" des Ev.-luth. Landesjugendpfarramtes Hannover. Text Nr. 218, S. 239.

Möge dein Weg dir freundlich entgegenkommen,
Wind dir den Rücken stärken,
Sonnenschein deinem Gesicht viel Glanz und Wärme geben.
Der Regen möge deine Felder tränken,
und bis wir beide, du und ich, uns wiedersehen,
halte Gott schützend dich in seiner hohlen Hand.

Gott möge bei dir auf deinem Kissen ruhen,
dich schützend in seiner hohlen Hand halten.
Deine Wege mögen dich aufwärts führen,
freundliches Wetter begleite dir deinen Schritt.
Wind stärke dir deinen Rücken -
und mögest du längst im Himmel sein,
wenn der Teufel bemerkt, dass du fort bist.

Alt-irischer Reisesegen[55]

[55] Gefunden in: „Beten - Texte zum Mitdenken und Nachsprechen". s. o. Text. Nr. 220, S. 241.

II 4.4 Predigtfragmente, Lesungen und Andachten

Predigtfragment 1
(zu Markus 10,13-16)

Schon von Jesus ist zu lernen, dass wir ins Reich Gottes nur kommen, wenn wir umkehren und werden wie die Kinder. Singen zum Beispiel, Gott loben, tanzen. Zweckfreies Tun, nicht nützlich, nicht effektiv, nicht zeitgemäß, nicht verantwortungsbewusst. Denn das sind alles viel zu „erwachsene" Kriterien. Es geht darum, „wie Kinder fromm und fröhlich" zu sein. So einfach ist es.

Hildegunde Wöller[56]

Predigtfragment 2

Übrigens entwickelte sich auch unsere Kirchenmusik aus dem Tanzen. Das griechische Wort „Choros", von dem sich die Bezeichnung unserer Kirchenchöre ableitet, meinte ursprünglich einen Tanz. [...] Bis in das 12. Jahrhundert hinein wurde in der Kirche fleißig getanzt.[...]

Nach der Reformation kamen viele gar nicht mehr auf die Idee, den Glauben mit Tanz zu verbinden und die körperliche Bewegung an die Stelle des gesprochenen Wortes zu setzen, obwohl eines der schönsten Kirchenlieder Martin Luthers mit der Aufforderung beginnt: *„Nun freut euch, lieben Christen g'mein, und lasst uns fröhlich springen"* (EG 341).

Damit, dass wir das nicht mehr tun, ist vieles verloren gegangen. Wir müssen uns wieder vor Augen halten, dass nicht nur die Sünde im Leben groß werden kann, sondern auch die Freude zu klein. Deshalb hat der Kirchenvater Augustin schon früh den Ratschlag gegeben und gesagt: *„O Mensch, lerne tanzen, sonst wissen die Engel im Himmel mit dir nichts anzufangen."*

Matthias Viertel[57]

---

56 © bei der Autorin.

57 Aus einem Manuskript einer Morgenandacht für den NDR, Ev. Rundfunkreferat Hamburg. © beim Autor.

Tanz ist Gestalt gewordene Freude
(zu Lukas 1,41 ff.)

Ein Gottesdienst im Advent: Seit der Lesung ist der kleine Junge rechts vor mir unruhig, will aufspringen, wird zurückgehalten, entreißt sich seiner Oma, hüpft einen Moment hin und her und wird wieder „eingefangen“... Ein vertrautes Bild?

Der Text der Lesung steht bei Lukas im 1. Kapitel : *„Und es begab sich, als Elisabeth den Gruß Marias hörte, hüpfte das Kind in ihrem Leibe. Und Elisabeth wurde vom heiligen Geist erfüllt und rief laut und sprach : [...] Siehe, da ich die Stimme deines Grußes hörte, hüpfte mit Freuden das Kind in meinem Leibe.“*

Noch in einem Alter, in dem er kaum viel mehr als den Sinn der einzelnen Worte verstanden haben dürfte, war dem Jungen soviel doch klar: Da war ein Kind, das hüpfte, das hüpfen durfte, und er wollte nichts weiter als dasselbe tun... Später wird er lernen: Wer in einem Gottesdienst von der Freude eines hüpfenden Kindes hört, muss (vor Freude?!) still sitzen. Denn wenn Erwachsene etwas „Bewegendes“ hören, dann - sitzen sie ganz still!

Siegfried Macht[58]

Was uns in Bewegung bringt

Was bringt uns eigentlich in Bewegung?
Was stößt uns an zu einem neuen Schritt?
Was löst uns Arme und Beine, unseren Körper zum Tanz?

Ich öffne die Augen und sehe mich um.

Eine Blume zum Beispiel, ihr langsames Wachsen,
das Öffnen der Blüte und ihr Verschließen -
das ist wie ein tiefes Atmen,
eine Einladung, bewusst ein- und auszuatmen,
mich zu verschließen und ganz zu öffnen.

[58] Vgl. dazu: S. Macht: „Kinder tanzen ihre Lieder“. © beim Autor.

Oder eine Kerze, ihr Licht und die Wärme,
das unberechenbare Flackern des Feuers -
das ist wie ein freudiges Springen,
eine Einladung, Licht und Wärme in mir aufzunehmen
und meine Lebendigkeit sichtbar zu machen
in einer ganz eigenwilligen Bewegung.
Oder die Musik - einer Flöte vielleicht,
das Auf- und Abschwellen der Töne, die dunklen, tiefen
und die klaren, hellen, hohen Klänge -
das ist eine Andeutung von der Fülle des Lebens,
eine Einladung, meiner Freude und auch der tiefen Klage
einen Raum zu geben in meinem Körper,
sie auszudrücken im Tanz.

Das Kreuz, Zeichen für Leiden und Tod,
Zeichen aber auch für neues Leben -
das Kreuz lässt etwas davon ahnen,
wie groß Gottes Liebe zu uns Menschen ist.
Sie ist eine Aufforderung, nicht stehenzubleiben in Resignation
und Ausdruckslosigkeit, im Kreisen um mich selbst.

frei nach Charlotte Raddatz

Mit meinem Gott kann ich über Mauern springen
(zu Psalm 18,30)

Es gibt viele Mauern in unserer Welt. Oft wurden sie zum Schutz der Menschen gebaut, die innerhalb dieser Mauern lebten. Angreifer sollten abgeschreckt und gehindert werden, die Bewohner der Städte und Länder zu überrennen und zu besiegen. - Mauern schützen, aber Mauern trennen auch, machen ein Zusammenkommen unmöglich. Das gilt auch im übertragenen Sinn. Oft genug mauern wir uns ein, kapseln uns ab, lassen den andern nicht an uns herankommen, haben Angst vor einer Begegnung mit ihm und werden dabei einsam und bitter. Da wünschen wir dann, dass die Mauern, die wir gegeneinander gebaut haben, fallen. Aber es scheint unmöglich.

Doch nun hat David hier eine erstaunliche Entdeckung gemacht: Ich kann über Mauern springen, sagt er. Nicht allein und aus eigener Kraft. Aber mit Gott ist das möglich, da kann auch die höchste Mauer übersprungen werden. Oft scheint es aussichtslos, die Mauern wegzuschaffen, die wir Menschen gegeneinander aufgerichtet haben. Aber wir können springen, uns von Gott an die Hand nehmen lassen und den ersten Schritt auf unseren Nächsten hin wagen. Möglicherweise hat er schon darauf gewartet.

Horst Riegraf[59]

Morgens aber ist Jubel
(zu Psalm 30)

Herr, ich will dich hoch loben,
Herr, du zogst mich empor,
ließest nicht zu, dass die Feinde
über mich triumfierten.
Herr, ich flehte zu dir,
du, Gott, hast mich geheilt.
Herr, du hast mein Leben
aus der Hölle gerissen,
riefst mich weg von denen,
die ins Grab hinfahren.
Lobt den Herrn, die ihr glaubt,
rühmt, dass man seiner gedenkt!

Kurz ist sein Zorn,
lebenslang währt seine Huld,
abends ist Weinen,
morgens aber ist Jubel.
Einst sprach ich sicher:
Niemals werden ich wanken.
Durch seine Huld
hatte ich festen Stand.
Dann verbargst du dich mir
und ich erschrak.
Schrie zu dir, Herr,
flehte zu meinem Gott:
„Was denn nützt dir mein Tod,
fahr ich ins Grab?
Lobt dich der Staub,
macht deine Treue er kund?
Höre, erbarme dich, Herr,
Herr, sei du mir ein Helfer!

[59] Aus: „Neukirchener Kalender“, 2. Februar 1997. © beim Autor.

Herr, du hast meine Klage
in einem Reigen verwandelt,
Trauergewand mir gelöst,
tatest mir Freudenkleid an,
dass dir singe mein Herz,
nimmer wird es verstummen.
Ewig will ich dich loben, Herr,
ewig, mein Gott, dich rühmen.

Horst Nitschke[60]

Sie sollen loben seinen Namen im Reigen, mit Pauken und Harfen sollen sie ihm spielen. Denn der Herr hat Wohlgefallen an seinem Volk, er hilft den Elenden herrlich.
(zu Psalm 149,3+4)

Am Sonntag Kantate werden wir von allen Seiten aufgefordert, Gott zu loben. Aber kann man das Lob Gottes befehlen? Sicher nicht. Und doch ist es gut, wenn wir daran erinnert werden. Wir Menschen neigen manchmal sehr zum Jammern. Wie wohltuend ist es da, wenn wir einmal ganz wegsehen von uns und lobpreisend auf den blicken, der mit Wohlgefallen auf uns schaut und der allein den Elenden helfen kann. Gott loben, das heißt Freude haben an der Herrlichkeit Gottes. Gott loben, das heißt bedingungslos „du" sagen. „Du, Gott, bist schön, bist gütig, du führst alles wunderbar hinaus, auch wenn wir noch mitten im Elend sitzen." Zu diesem Lob Gottes kann alles beitragen: Pauke und Harfe, Orgel und Gitarre, Tanz und Zeugnis, hochgestreckte Arme und gefaltete Hände. Nur eins wird nie fehlen können: Freude! Freude an dem Gott, der sein Volk nicht vergisst und die Elenden nicht übersieht.

Wolfgang Hering[61]

---

60 Aus: Horst Nitschke: „Gott wird gebraucht - Worte der Bibel für alle Tage". Gütersloher Verlagshaus, Gütersloh, 1971, S. 103. © beim Autor.
61 Aus: „Neukirchener Kalender", 5. Mai 1996. © beim Autor.

Tanzschritt der Schöpfung

Lernt von den Fischen des Meeres
den Rhythmus gläubigen Lebens!
Lernt von den Schmetterlingen Gottesverehrung!
Sie bleiben nicht auf Zäunen und Mauern.
Sie öffnen die Flügel und leben im Fluge.
Sie klatschen mit ihren Flügeln Gott Beifall.
Sie planen nicht Feste.
Sie feiern im Fluge.
Sie fliegen im Feiern.

Horcht auf den feinen Gesang
in Blumen und Menschen!
Lasst euch durch nichts
vom Tanzschritt abbringen!

Zeigt eurem Gott mit Händen und Füßen,
wie schön es ist,
auf der Erde zu sein,
mit Leib und Seele ein Mensch
nach seinem Bilde zu werden.
Ehrt euren Gott
durch einen fröhlichen Blick
durch Gesang und Humor!
Er ist Gott. Das genügt
für das Spiel.
Er hat das Spiel mit der Schöpfung begonnen.

Martin Gutl[62]

Für etliche, die sich selbst vermessen, dass sie tanzen können und verachten die andern, ein Gleichnis:
(zu Lukas 18,9)

Es gingen zwei zu tanzen
einer geübt
der Andere unbeholfen.

---

62 Aus: Martin Gutl: „Der tanzende Hiob". ©Verlag Styria, Graz.

Und der Erste anmutig
die Augen verzückt geschlossen
ließ seinen Körper sprechen:
Ich dank dir, Leib
dass du nicht bist wie der
anderer Leute
behäbig, unförmig oder auch nur
wie der dieses Anfängers.
Ich trainiere dich
zweimal in der Woche
nun zeig, was du kannst.
Und der Andere
setzte mühsam Fuß vor Fuß
und lobte seinen Gott
dass es ging.

Siegfried Macht[63]

Der tanzende David
(zu 2. Samuel 6,5)

David tanzte vor dem Herrn - mit aller Macht.
David tanzt - er singt mit seinem ganzen Körper.
Der Tanz als ursprünglichste Lebensäußerung.
Durch den Tanz verkündet er uns seine Freude.
In seiner Körperhaltung
seinem Gesichtsausdruck,
seinen Bewegungen und Aktionen,
seinem Lachen,
seinen Farben und Tönen
erkennen wir, was ihn trifft.
Sein Inneres wird uns deutlich.
Der Tanz, in dem Gefühle wie Freude oder Ergriffenheit
ausgedrückt werden.

Mit Musik und Tanz wird Gott gelobt
wird Gott gedankt
wird Gott angebetet
wird ein Fest zu Gottes Ehren gefeiert.

---

[63] Vgl. dazu: S. Macht: „In die Freiheit tanzen“. © beim Autor.

Sie sollen loben seinen Namen im Reigen (Psalm 149,3).

Dagegen Tanz als magische Beschwörung der Götter.
Als Schutz vor bösen Geistern, als Rauschmittel,
als Tanz um's Goldene Kalb.
Menschen, Tänzer die in Ekstase geraten -
sich selbst vergessen, sich entrücken,
um die Götter zu bezwingen.

Davids Tanz ist nicht magisch
Er ist nicht Rauschmittel,
nicht Entrückung in den Himmel.

Davids Tanz bezwingt den Herrn nicht.
Er hebt ihn nicht über sich selbst hinaus.

Tanz - wie David ihn begeht -
Bewegung - wie David sie erfüllt -

lebt aus der Harmonie und der Ordnung,
aus dem Heil-Sein und der Ergriffenheit,
aus der Andacht und dem Gebet.

Davids Tanz hat Gott zur Mitte, bringt sich ihm dar,
ist reinste Form sakralen Lebens.

Menschen wie David,
Menschen des Alten Testamentes, wussten um Gebet und Fest
in Bewegung und Rhythmus.
Sie verkündigten Gott auch im Tanz.
Sie vergegenwärtigen sich Gottes Handeln an ihnen in
Prozession und Reigentanz.

Prozession und Reigentanz waren ihre Form,
den Lebensrhythmus
von Werden und Vergehen,
Schaffen und Verharren
zu erleben,
ihm nach-zugehen.

Sie waren eine Form,
sich der Gnade Gottes
bewusst zu werden.

Menschen in der Nachfolge Christi,
Menschen in der Kirche heute,
Menschen wie wir.

Was wissen wir von Gebet und Andacht im Tanz?
Welche Bedeutung hat er für uns?
Welche hatte er für den einen Menschen des Neuen Testamentes
für Jesus Christus?

Für Jesus waren liturgischer Tanz und
sakrales Fest
untrennbar miteinander verbunden.

Für ihn waren sie natürlich
aus der jüdischen Gebetstradition,
verständlich in der Nachfolge Davids
ein Ausdruck der Festlichkeit
in Haltung und Gebärde.

Die ersten Christen erlebten Jesus
noch als Träger jüdischer Glaubensformen,
für sie war sakraler Tanz festlicher Gottesdienst.

Sakraler Tanz ist auch heute noch ein Gleichnis
für den Geist der Festlichkeit im Christentum.
Ein festlich gestimmter Glaube gebraucht den Tanz -
zur Feier von Leben und Tod.

Christliches Leben als lebendiger Tanz,
christlicher Tanz als lebendiges Leben,
auch - und gerade - im Gottesdienst;
denn Tanzen heißt mit dem Körper denken,
heißt dabei intensiv leben,
heißt die Bedeutung des Tanzes unmittelbar erleben,
erfühlen -

und darum sollen
können und
wollen auch wir in der Kirche tanzen!

Angelika Stuhlmann-Schirrmeister[64]

So brachte ganz Israel die Lade des Bundes des Herrn hinauf mit Jauchzen, Posaunen, Trompeten und hellen Zimbeln, mit Psaltern und Harfen.
(zu 1. Chronik 15,28)

Am Ziel. Die Bundeslade kommt nach Hause. Das, was den Menschen wichtig ist, bekommt einen Platz in der Mitte eingeräumt. Vorerst ist es noch ein Zelt, unter dem dieser „Begegnungsort" mit dem lebendigen Gott Platz finden wird. Später will David dort den Tempel bauen. Sein Sohn Salomo wird es dann wirklich tun. Jetzt zieht David „ganz Israel" voraus. Er ist mit dem Gewand der Leviten bekleidet, die die Lade tragen. Einen Priesterschurz hat er um. David ist mitten unter denen, die ihren Dienst tun. Er ist mitten unter denen, die mitkommen, mitten unter „ganz Israel". Alle sind beieinander, unterschiedslos beinahe. Alle jubeln, weil es um ihren gemeinsamen Glauben geht. Mit Musik und Fröhlichkeit wird Gott gefeiert.
Wie selten ist es geworden, dass wir so in unserer Kirche leben: gemeinsam, mit einem gemeinsamen Anliegen. Fröhlich feiern. Lässt sich da kein Weg finden? Wären wir da nicht auch näher am Ziel?

Ulrich Wollstadt[65]

Wir liegen vor dir mit unserm Gebet und vertrauen nicht auf unsere Gerechtigkeit, sondern auf deine große Barmherzigkeit.
(zu Daniel 9,18)

Während ein Techniker vom Störungsdienst das Telefon repariert, unterhalten sich im Arbeitszimmer des Pastors drei Geistliche über die richtige Gebetshaltung.

---

[64] © bei der Autorin.
[65] Aus: „Neukirchener Kalender", 21. August 1998. © beim Autor.

Der Eine meint, im Knien ließe es sich am besten beten, das wäre die einzig richtige Haltung vor Gott. Der Andere erklärt, dass er am besten im Stehen betet und dazu die Hände flehend zu Gott erhebt. So würde die Sehnsucht und Bedürftigkeit am deutlichsten ausgedrückt.

Der Dritte ist anderer Meinung. Für ihn ist die richtige Gebetshaltung, auf dem Boden ausgestreckt vor Gott zu liegen, so, wie es in der Bibel steht, dass Menschen im Gebet vor Gott liegen.

Da mischt sich der Fernmeldetechniker ein und sagt: „Also, ich habe am besten gebetet, als ich einmal mit dem Kopf nach unten an einem Telefonmast hing!"...

Es gibt viele Gebetshaltungen, aber eine ist die beste: wenn wir aus tiefer Not mit leeren Händen zu Gott kommen und ihn bitten: *„Herr, erbarme dich!"*

Von Daniel, dem großen Propheten des Alten Testaments, ist uns ein sehr eindrucksvolles Gebet überliefert, aus dem der folgende Bibelvers entnommen ist: *„Wir liegen vor dir mit unserm Gebet und vertrauen nicht auf unsere Gerechtigkeit, sondern auf deine große Barmherzigkeit."*

Was hier zum Ausdruck kommt, ist nicht nur eine Körperhaltung, sondern vielmehr die Einstellung des Herzens, dem klar geworden ist: Vor dem heiligen, ewigen Gott kann kein Mensch bestehen. Mein erstes Gebet ist und bleibt die Bitte um sein Erbarmen:

„Kyrie eleison! Herr erbarme dich! Neige dich zu mir herab! Verwirf mich nicht vor deinem Angesicht! Herr, ich vertraue allein auf deine Barmherzigkeit!"

Die äußerliche Haltung des Gebets ist nicht allein entscheidend. Was zählt, ist die innere Einstellung des Herzens. Und doch spiegelt die äußere Haltung eine innere Einstellung wieder:

Die Hände ineinander falten - das heißt: nicht handeln, keine Hand anlegen, keine Hände rühren, auf Gottes Handeln warten. -

Die Seele auseinander falten - das heißt: sich öffnen, erklären, hinhalten, offenlegen, alles rauslassen, auf Gottes Liebe zählen. -

Die Hände emporheben - das heißt: sich ausstrecken, alles erwarten, Sehnsucht zeigen, Erfüllung empfangen, mit Gottes Einfluss rechnen. -

Die Seele hinunterbeugen - das heißt: Schuld bekennen, bescheiden bitten, demütig werden, Gott groß sein lassen. -

Die Augen aufheben - das heißt: Jesus im Auge haben, nach Heil ausschauen, bis zum Thron Gottes sehen und Gottes Barmherzigkeit wahrnehmen.

Die Lasten ablegen, Not und Sorge, Leid und Kummer, Angst und Trauer, alles abgeben und bei Gott liegenlassen. Vielleicht müssen wir das wieder neu entdecken, wie das Äußere und das Innere, das Körperliche und das Geistige zusammengehören: Das Atmen der Lunge und das Atmen der Seele.

In guten und in schweren Tagen, zu Hause und unterwegs, zwischendurch und mittendrin können wir das Herzensgebet sprechen:

Wir atmen ein und beten in der Stille:
„Herr Jesus Christus!“
Und wir atmen aus und beten die Worte:
„Erbarme dich meiner!“
Die Liebe Jesu atmen wir ein - und unsere Nöte atmen wir aus. Die Vergebung Jesu atmen wir ein - und unser Versagen atmen wir aus.

Vielleicht ist es das, was wir lernen können aus dem großartigen Gebet des Propheten Daniel, das mitten im Alten Testament schon so evangelisch klingt: *„Wir liegen - stehen - sitzen - vor dir mit unserm Gebet und vertrauen nicht auf unsere Gerechtigkeit, sondern auf deine große Barmherzigkeit.“*

Wo so gebetet wird, kann Gott einen neuen Anfang schenken: Für uns selbst, aber auch für unsere Kirche.

Lothar Podszus[66]

66 Aus einer Morgenandacht für den Evangeliums Rundfunk, Wetzlar (ERF). © beim Autor.

Handmeditation

Ich möchte jede und jeden von uns einladen, in den nächsten Minuten einmal ganz in Ruhe seine eigene Hand zu betrachten.
Wer mag, kann mit seiner Hand die Bewegungen mitmachen.

Ich sehe mir meine Hand an.
Leer ist sie jetzt, ruhig verhält sie sich.
Wenn ich sie ganz locker halte, bildet sie eine Schale.
Den Hand-Teller.

Ich sehe Linien in meiner Hand. Sie sind einzigartig.
Kein anderer Mensch hat meine Handlinien.
Vorsichtig bewege ich die Finger und schaue, was sich verändert.

Ganz anders die Außenseite meiner Hand.
Adern durchziehen sie.
Ich bewege meine Finger - die Handknochen bewegen sich mit.
Ganz feine Härchen kann ich erkennen.
Vielleicht Narben oder Schrammen...
Ich kann meine Hand ganz gerade, fest und hart machen,
um sie abwehrend von mir weg zu halten,
vielleicht, um damit zu schlagen
oder um sie schützend vor mein Gesicht zu halten.

Ich kann alle Finger weit abspreizen, wie kleine Kinder es tun.
Wie Strahlen stehen die Finger von der Hand ab.
Groß wird die Hand.
Die Finger wollen etwas greifen.
Einen Ball vielleicht.

Die Finger können sich auch krümmen,
aggressiv werden, vielleicht kratzen.
Oder sich ganz fest und hart zusammenballen.
Die ganze Hand wird eine kleine und harte Kugel - die Faust.
Die Finger sind in ihr versteckt, geschützt.
Die harte Faust kann drohen oder sogar schlagen,
wenn ich wütend bin, aber auch wenn ich Angst habe.

Ich spanne alle meine Muskeln der Hand an.
Und fester wird die Faust,
bis die Knöchel weiß werden
und die Fingernägel sich in die Handfläche graben.
Lange kann ich das nicht aushalten.
Ich lasse ein bisschen locker.
Die Finger kommen wieder zum Vorschein.

Neugierig guckt der Daumen hervor.
Ganz ungeschützt sind die Finger.
Die Hand bildet eine Mulde.
Etwas aufnehmen könnte sie jetzt:
Wasser, Sand, ein Stück Brot, oder...

Ich öffne meine Hand noch mehr.
Meine Finger zittern ein bisschen.
Angst, sie noch weiter zu öffnen,
Angst, vor der eigenen Courage,
Angst, vor dem Neuen, dem Unbekannten.

Wäre es nicht besser, die Hand doch wieder zu schließen,
nicht zu öffnen?
Ganz vorsichtig wagt sie es doch.
Ein bisschen ängstlich noch streckt sie sich Neuem entgegen.
Erst suchend und tastend noch...
...dann bereit, einzuladen,
nicht bei mir selbst zu bleiben,
bereit zum Vertrauen!

Hinweis: Hier kann sich das Lied EG 604 „Wo ein Mensch Vertrauen gibt" mit Bewegungselementen anschließen.

Meike Drude[67]

III. Hilfe-Stellung. Der Anhang

1 Wie eine bewegende und bewegte Gottesdienstfeier aussehen kann

1.1 Übersicht: Zuordnung der Praxis-Bausteine (Teil II) in den liturgischen Ablauf eines Gottesdienstes

A Eröffnung und Anrufung

- Zum Eingang:
  - „Die Liebe setzt uns ins Bewegung“ - Lied-Prozession (2.2)
  - Prozession zum Einzug (3.1)

- Begrüßung / Votum / Einleitende Texte:
  - Votum zum Eingang (2 zur Auswahl / 4.3)
  - Aphorismen (7 zur Auswahl / 4.1)
  - Zitate (4 zur Auswahl / 4.1)
  - Was tun? (4.1)
  - Freunde, kommt, lasst uns tanzen (4.1)
  - Auf die Spur deiner Bewegung (4.1)
  - Tanzlied am Ende (4.1)
  - Einleitung in den Gottesdienst (4.3)
  - Weitere Texte zur Einstimmung, Einleitung (s. unter 4.4)

- Lied zum Beginn:
  - „Wir strecken uns nach dir“ (2.1)
  - Weitere mögliche Lieder s. unter **B**

- Kyrie:
  - Einladung zum Kyrie (4.3)
  - Kyrie eleison - Ein bewegter Gebetsruf (2.2)
  - Liedtanz „Du hast meine Klage verwandelt“ (2.3)

- Gloria:
  - Einladung zum Gloria (4.3)
  - Gloria-Tanz (3.1)
  - Lied „Herr, lass uns dich loben“ (2.1)
  - Lied „ich lobe gott und tanze“ (2.1)

- Eingangsgebete:
  - Komm heiliger Geist (4.1)
  - Eingangsgebet (4.3)
  - z.B. in der Orantehaltung (**I.**5.6)

- Liturgische Gesten und Haltungen (s. unter 1.1)

B Verkündigung und Bekenntnis

- Psalmgebet / Psalmlesung:
  - Psalm 23 als Gebärde (1.2)
  - Psalm 121 - gesprochen und getanzt (3.2)
  - Morgens aber ist Jubel (zu Psalm 30 / 4.4)

- Lesungen:
  - Tanz ist Gestalt gewordene Freude (zu Lukas 1,41 ff / 4.4)
  - Der tanzende David (zu 2. Samuel 6,5 / 4.4)
  - Weitere Texte / Lyrik, Prosa (siehe 4.1 / 4.4)

- Texte und Lyrik, auch als mögliche Predigttextvorlagen:
  - Die bewegte und bewegende Gemeinde (I.1)
  - Die Gabe wurde vermehrt (4.1)
  - manifest für bewegung (4.1)
  - Der Tanz in alten Zeiten (4.1)
  - Also übte ich mich im Tanz (4.1)
  - Der Herr des Tanzes (in 3 unterschiedlichen Übertragungen / 4.1)
  - Es werde Licht (4.1)
  - Tanzschritt der Schöpfung (4.4)
  - Für etliche, die sich selbst vermessen, dass sie tanzen können... (zu Lukas 18,9 / 4.4)

- Textzitate aus Bibel und Gesangbuch (z.B. als Predigtimpuls):
  - Liedstrophen aus dem EG (7 zur Auswahl / 4.2)
  - Ausgewählte Bibelverse aus dem Alten Testament (30 Verweise / 4.2)
  - Ausgewählte Bibelverse aus dem Neuen Testament (7 Verweise / 4.2)

- Predigt:
  - Predigtfragmente (2 zur Auswahl / 4.4)
  - Gott als der Bewegende / Theologische Aspekte (I.3.2)
  - Ein Blick ins Evangelische Gesangbuch (I.4.3)
  - Handmeditation (4.4)
  - Tanz ist Gestalt gewordene Freude (zu Lukas 1,41 ff / 4.4)
  - Was uns in Bewegung bringt (4.4)
  - Mit meinem Gott kann ich über Mauern springen (zu Psalm 18,30 / 4.4)
  - Morgens aber ist Jubel (zu Psalm 30 / 4.4)
  - Sie loben seinen Namen im Reigen,... (zu Psalm 149,3+4 / 4.4)
  - Der tanzende David (zu 2. Samuel 6,5 / 4.4)
  - So brachte ganz Israel die Lade des Bundes des Herrn hinauf (1. Chronik 15,28 / 4.4)
  - Wir liegen vor dir mit unserm Gebet (Daniel 9,18 / 4.4)
  - Liedstrophen aus dem EG / Ausgewählte Bibelverse AT, NT (4.2)

- Predigt als getanzte Verkündigung:
  - „Du hast mich in die Tiefe geworfen" - Jona getanzt (zu Jona 1-4 / 3.2)
    Thema: Leid, Leidbewältigung, Gottesbild, Berufung
  - In Beziehung-sein mit Gott - Ein „liturgischer Tango" (3.3)
    Thema: Nachfolge, Gemeinschaft, Glaubensweg, Beziehung
  - Auf dem Weg sein - Ein „Wege-Tanz" (3.3)
    Thema: suchen, finden, zweifeln, glauben, unterwegs sein
  - „Du hast meine Klage verwandelt" Tanzlied (zu Psalm 30,12 / 2.3)
    Thema: Trauer, Freude, Umkehr, erhörtes Gebet
  - „Mache dich auf und werde Licht" Tanzlied (zu Jesaja 60,1/ 2.3)
    Thema: Licht, Advent, Umkehr, Auftrag
  - „Aufstehn will ich" Tanzlied (zu Lukas 15,18 ff / 2.3)
    Thema: Gleichnis vom verlorenen Sohn, Umkehr, Gottesbild

- Predigtlieder/ Thematische Lieder:
  - „Tanzlied für Engel" (2.1)
  - „Österliches Tanzlied" (2.1)

- „Geh aus, mein Herz“ (2.4)
  Thema: Sommer, Gotteslob, Schöpfung, Jahreszeiten
- „Christ ist erstanden“ (2.4)
  Thema: Ostern, Auferstehung, ewiges Leben, Freude
- „Die Nacht ist vorgedrungen“ (2.4)
  Thema: Advent, Licht/Dunkelheit, Leid, Trost, Glaube

● Liturgische Gesten und Haltungen (s. unter 1.1)

C Abendmahl

● Besonders für diesen Gottesdienstteil geeignet:
- Vaterunser mit Gebärden (1.3)
- Text „Legende“ (4.1)
- Weitere Texte (aus II.4)
- Tanzlied „Du hast meine Klage verwandelt“ (2.3)
- Tanz „Auf dem Weg sein“ (3.3)
- Prozession zum Abendmahl (3.1)
- Gestaltete Fürbitten (s. unter **D**)
- Friedensgruß (1.1)
- Friedensgruß / Segenswort „Ich sage euch Schalom“ (4.3)

● Liturgische Gesten und Haltungen (s. unter 1.1)

D Fürbitte und Sendung

● Texte zum Abschluss:
- Geht gemeinsam durch das Leben (4.1)
- manifest für bewegung (4.1)
- Tanzlied am Ende (4.1)

● Liedtänze zum Ausgang:
- „Der Abend kommt“ (3.3)
- „Geh aus, mein Herz“ (2.4)
- „Mache dich auf und werde Licht“ (2.3)
- Weitere Lieder: s. unter **B**

● Fürbittengebete / Schlussgebete:
- Schlussgebete (3 zur Auswahl / 4.3)
- Fübittengebet mit Kyrie (3.1)

- Liedtanz „Du hast meine Klage verwandelt“ (2.3)
- Kyrie eleison - Ein bewegter Gebetsruf (2.2)
- Vaterunser als Gebärde (1.3)

● Segen:
- „Gib mir deine Hand“ - Ein getanztes Segenslied (2.2)
- Segensworte (5 zur Auswahl / 4.3)
- Den Segen Gottes weitergeben (SegensHANDlung / 1.4)
- Segensgestaltung in freier Form (1.4)
- Geborgen in deiner Hand (1.4)
- Er hält dich fest - Segenszuspruch (1.4)
- Alt-Irischer Reisesegen (2 zur Auswahl / 1.4)

● Sendung / Auszug:
- „Die Liebe setzt uns in Bewegung“ - Lied-Prozession (2.2)
- Prozession zum Auszug (3.1)

● Liturgische Gesten und Haltungen (s. unter 1.1)

1.2 „Du stellst meine Füße auf weiten Raum“: Ein exemplarischer Entwurf für einen Tanzgottesdienst

Bei dem Versuch, Bewegungselemente in den Gottesdienst einzubringen ist es sicher gut, in kleinen Schritten, langsam in Abständen damit zu beginnen. Sicherheit in der Bewegung und ein Gefühl für deren Bedeutung und Inhalt lassen sich so kontinuierlich entdecken und entwickeln.

Dennoch und ergänzend soll an dieser Stelle einmal beispielhaft gezeigt werden, wie ein ganzer Gottesdienst mit Bewegungs- und Tanzelementen gestaltet werden kann. Dabei finden ausschließlich Elemente Verwendung, die in diesem Buch beschrieben sind. Natürlich lassen sich auch andere Formen verwenden. Thematischer roter Faden ist das Wort aus Psalm 31,9: „Du stellst meine Füße auf weiten Raum“. Der Ablauf orientiert sich an der zweiten Grundform.

A Eröffnung und Anrufung

Die Gemeinde setzt sich wie jeden Sonntag „normal“ in die Bankreihen. Nach einer kurzen Begrüßung folgen erklärende und einstimmende Worte (II.4.3 / 4.4). Dann wird die Gemeinde nochmals vor die Eingangstür gebeten. Hier beginnt nun der eigentliche Gottesdienst. Nach einem kurzen Votum (II.4.3) erfolgt der Einzug mit Orgelmusik (II.3.1 / 2.2). Nachdem alle eingezogen sind, kann stehend ein erstes Lied folgen: „Wir strecken uns nach dir“ (II.2.1). Ein gesprochenes Gebet (II.4.3) in der Orante-Haltung (I.5.6) und ein Gloria-Tanz (II.3.1) schließen den ersten Teil ab. Die Gemeinde nimmt Platz und hält einen Moment der Stille.

B Verkündigung und Bekenntnis

Es folgt ein Lied, das vom Tanzen handelt (aus II.2.1). Psalm 31 wird gemeinsam gelesen (EG 716). Wo gewünscht, kann ein Abschnitt aus einem Evangelium dazu gestellt werden (z.B. die Seligpreisungen aus Matthäus 5).

Neben der kurzen Wortauslegung steht korrespondierend eine vorbereitete „Bewegungsauslegung“ im Altarraum durch eine aus der Gemeinde kommende Tanzgruppe. Es kann eine freie Gestaltung zum Psalmwort (I.5.4) und / oder auch eine strukturierte Form sein (II.3.3).

Die Gemeinde antwortet in freier Form auf das Gehörte. Sie verteilt sich im ganzen Kirchenraum. Zu meditativer Musik (Orgel, Querflöte...) findet jede/r für sich einfache Bewegungsformen, die das Psalmwort für ihn / sie individuell zum Ausdruck bringen. Ein freierer Credotext (aus II.4) und ein kurzes Stehen in der Stille runden den zweiten Teil ab.

C Abendmahl

Hier sollte man individuell entscheiden, ob die Feier des Abendmahls in diese Gottesdienstform integriert werden soll. Thematisch verbindend wären Deutungen in Richtung Gemeinschaft, Wegzehrung, Lösung von Belastungen und Ermutigung für neue Wege. Es bieten sich folgende Elemente an:

- Vaterunser als Gebärde (II.1.3)
- Lied: „Du hast meine Klage“ (II.2.3)
- Texte (aus II.4)
- Einsetzungsworte und Austeilung (alle im Kreis stehend im Altarraum)
- Tanz: „Auf dem Weg sein“ (II.3.3)
- Stille

D Fürbitte und Sendung

Zur Schlussliturgie versammeln sich alle nochmals im Altarraum. Ein Liedtanz eröffnet diesen Teil (II.2.4). Das Fürbittengebet kann einfach gesprochen und mit einem Kyrie-Ruf begleitet werden (II.2.2). Wo noch Zeit und Raum ist, z.B. wenn kein Abendmahl stattfindet, kann das Fürbittengebet auch gestaltet werden (II.3.1). Dann würde das Vaterunser in der Orante-Haltung oder mit Gebärden folgen (II.1.3). Für den Segen bieten sich Texte und Handlungen (aus II.1.4) an. Nach den letzten Ansagen (z.B. die Einladung zum Nachgespräch und zum „Weitertanzen“) erfolgt der Auszug mit dem Lied: „Die Liebe setzt uns in Bewegung“ (II.2.2).

Für die Kollekte und die Abkündigungen sind je nach örtlicher Gegebenheit die geeigneten Plätze zu finden. Das Nachgespräch im Anschluss an den Gottesdienst erscheint wichtig, damit erste Eindrücke gleich besprochen und verarbeitet werden können.

Solch ein bewegt-bewegender Gottesdienst will gut mit entsprechender Zeit vorbereitet sein. Dies gilt gleichermaßen für die Gestaltenden, wie für die Besucher. Wichtig ist der einladende Charakter und das Prinzip der Freiwilligkeit. Gut, wenn es auch ein paar Plätze gibt, auf denen man „in Ruhe gelassen wird" und man trotzdem als Gemeindeglied voll dabei sein kann - es gibt ja auch so etwas wie ein „innerliches Bewegt-sein".

2 Alphabetisches Verzeichnis der Liedanfänge

Aufstehn will ich - Kanon - *(Rose / Kiesé)*	S. 63
Christ ist erstanden *(12. / 15. Jh.)*	EG 99
Der Abend kommt *(Zink / Hufeisen)*	S. 83
Die Liebe setzt uns in Bewegung - Kanon - *(Büsing)*	S. 54
Die Nacht ist vorgedrungen *(Klepper / Petzold)*	EG 16
Du hast meine Klage verwandelt *(Bibel / Büsing)*	S. 60
Geh aus, mein Herz *(Gerhardt / Harder)*	EG 503
Gib mir deine Hand *(Seidel / Kiesé)*	S. 56
Gottes Geist befreit zum Leben	S. 51
Herr, lass uns dich loben *(Rommel / Zoller)*	S. 47
Hosianna, lobt den Herrn mit Tanz und Traum	S. 48
Ich lobe Gott und tanze *(Netz / Kiesé)*	S. 51
Kyrie eleison *(Orthodox / Ukraine)*	EG 178.9
Mache dich auf und werde Licht *(Bibel / Gnadenthal)*	S. 61
Österliche Tanzlied *(Rose / Teichmann)*	S. 48
Tanzlied für Engel *(Rose / Kiesé)*	S. 50
Wir strecken uns nach dir *(Barth / Janssens)*	S. 52

3 Bibelstellenverzeichnis zum Praxisteil

2. Mose 17,12 (Haltung)	S. 34
2. Samuel 6,5 (Textmeditation)	S. 120
1. Könige 8,12 (Liedtanz)	S. 67
1. Chronik 15,28 (Andacht)	S. 123
Psalm 18,30 (Andacht)	S. 116
Psalm 23 (Gebärde)	S. 38
Psalm 30 (Text)	S. 117
Psalm 30,12 (Liedtanz)	S. 60
Psalm 31,9 (Tanzgottesdienst)	S. 133
Psalm 121 (Tanz)	S. 78
Psalm 149,3 f (Andacht)	S. 118
Sprüche 8,22 ff (Text)	S .92
Jesaja 60,1 (Liedtanz)	S. 61
Daniel 9,18 (Andacht)	S. 123
Jona 1 bis 4 (Tanz)	S. 73
Matthäus 6,9 ff (Gebärde)	S. 40
Matthäus 6,28+29 (Liedtanz)	S. 65
Markus 10,13 ff (Predigtfragment)	S. 114
Lukas 1,41 ff (Präfamen / Lesung)	S. 115
Lukas 15,18 ff (Liedtanz)	S. 63
Lukas 18,9 (Text)	S. 119

4 Biblisches Fundstellenverzeichnis (Konkordanz) zum Thema

(Nach der Luther-Übersetzung von 1984)

● ***Bewegung***

2.Makkabäer	5,3: ...eine Bewegung von Schilden, eine Menge von Speeren...

● ***bewegen (bewegst, bewege, bewegte, bewegten)***

1. Samuel	1,13: ...ihre Lippen bewegten sich, ihre Stimme aber hörte man nicht...
2. Samuel	22,8: ...die Grundfesten des Himmels bewegten sich und bebten,...
1. Könige	14,15: ...dass es schwankt, wie das Rohr im Wasser bewegt wird,...
Hiob	9,6: ...Er bewegt die Erde von ihrem Ort, dass ihre Pfeiler zittern...
Hiob	41,15: ...fest angegossen, ohne sich zu bewegen...
Psalm	18,8: ...und die Grundfesten der Berge bewegten sich und bebten,...
Jesaja	13,13: ...Darum will ich den Himmel bewegen, und die Erde soll beben...
Jeremia	31,35: ...der das Meer bewegt, dass seine Wellen brausen...
Hesekiel	38,20: ...und alles, was sich regt und bewegt auf dem Lande,...
Baruch	6,27: ...können sie sich nicht von selbst bewegen;...
Sirach	8,3: ...und es bewegt sogar das Herz der Könige.
Sirach	9,20: ...und dich auf hohen Zinnen bewegst...
1.Makkabäer	1,29: ...und das ganze Land war tief bewegt über die Unterdrückung...
Lukas	2,19: ...Maria aber behielt alle diese Worte und bewegte sie in ihrem Herzen.
Lukas	6,48: ...da riss der Strom an dem Haus und konnte es nicht bewegen;...
Lukas	7,24: ...Wolltet ihr ein Rohr sehen, das vom Wind bewegt wird?...
Johannes	5,3: ...dass sich das Wasser bewegte...
Johannes	5,4: ...herab in den Teich und bewegte das Wasser...
Johannes	5,3: ...nachdem sich das Wasser bewegt hatte, der wurde gesund,...
Johannes	5,7: ...wenn das Wasser sich bewegt; wenn ich aber hinkomme,...

Epheser	4,14: ...uns von jedem Wind einer Lehre bewegen und umhertreiben lassen...
Jakobus	1,6: ...einer Meereswoge, die vom Winde getrieben und bewegt wird...
Offenbarung	6,13: ...seine Feigen abwirft, wenn er von starkem Wind bewegt wird...

● ***Gebärde/n***

Psalm	101,5: ...der stolze Gebärde und hoffärtige Art hat...
Lukas	17,20b: ...das Reich Gottes kommt nicht mit äußerlichen Gebärden...

● ***hüpfen (hüpft, hüpfte, hüpften, hüpftet)***

3. Mose	11,21: ...noch zwei Schenkel hat, womit es auf Erden hüpft.
Psalm	29,6: ...Er lässt hüpfen wie ein Kalb den Libanon...
Psalm	114,4: ...Die Berge hüpften wie die Lämmer,...
Psalm	114,6:...Ihr Berge, dass ihr hüpftet wie die Lämmer,...
Hohelied	2,8: ...Siehe, er kommt und hüpft über die Berge...
Jesaja	13,21: ...Straße werden da wohnen und Feldgeister werden da hüpfen...
Jeremia	50,11: ...und hüpft wie die Kälber im Grase...
Weisheit	19,9: ...und hüpften wie die Lämmer und lobten dich, Herr...
Lukas	1,41: ...den Gruß Marias hörte, hüpfte das Kind in ihrem Leibe...
Lukas	1,44: ...hüpfte das Kind vor Freude in meinem Leibe...

● ***Reigen***

2. Mose	15,20: ...alle Frauen folgten ihr nach mit Pauken im Reigen.
Richter	11,34: ...ihm entgegen mit Pauken und Reigen;...
Richter	21,23: ...von den Mädchen, die im Reigen tanzten...
1. Samuel	18,6: ...mit Gesang und Reigen dem König Saul entgegen...
1. Samuel	18,7: ...Und die Frauen sangen im Reigen und sprachen...
1. Samuel	21,12: ...der König des Landes, von dem sie im Reigen sangen...
1. Samuel	29,5: ...Ist das nicht derselbe David, von dem sie sangen im Reigen...
2. Samuel	6,5: ...vor dem Herrn her mit aller Macht im Reigen, mit Liedern...

Psalm	30,12: ...Du hast mir meine Klage verwandelt in einen Reigen,...
Psalm	87,7: ...Und sie singen beim Reigen: Alle meine Quellen sind in dir...
Psalm	149,3: ...Sie sollen loben seinen Namen im Reigen, mit Pauken...
Psalm	150,4: ...Lobet ihn mit Pauken und Reigen, lobet ihn mit...
Hohelied	7,1: ...Was seht ihr an Sulamith beim Reigen im Lager...
Jeremia	31,13: ...Alsdann werden die Jungfrauen fröhlich beim Reigen sein...
Klagelieder	5,15: ...unser Reigen ist in Wehklagen verkehrt.

● ***Reigentanz***

Richter	21,21: ...dass die Töchter Silos zum Reigentanz herausgehen,...
Psalm	53,1: ...Eine Unterweisung Davids, vorzusingen, zum Reigentanz.
Psalm	88,1: ...vorzusingen im Reigentanz im Wechsel, eine Unterweisung...
Judit	3,8: ...mit Kränzen und Fackeln, im Reigentanz mit Pauken...

● ***Schritt/en, schritt***

1. Samuel	20,3: ...es ist nur ein Schritt zwischen mir und dem Tode...
2. Samuel	22,37: ...Du gibst meinen Schritten weiten Raum...
Psalm	18,27: ...Du gibst meinen Schritten weiten Raum...
Psalm	44,19: ...noch unser Schritt gewichen von deinem Weg,...
Psalm	57,7: ...Sie haben meinen Schritten ein Netz gestellt...
Psalm	85,14: ...dass Gerechtigkeit vor ihm her gehe und seinen Schritten folge...
Sprüche	7,8: ...und schritt daher auf dem Wege zu ihrem Hause...
Sprüche	16,9: ...aber der Herr allein lenkt seinen Schritt.

● ***springen (springt, sprang, sprangen)***

1. Mose	31,10: ...und siehe, die Böcke, die auf die Herde sprangen,...

Richter	4,15: ...so dass Sisera von seinem Wagen sprang und zu Fuß floh...
2. Samuel	6,16: ...sah den König David springen und tanzen vor dem Herrn...
2. Samuel	13,29: ...Da sprangen alle Söhne des Königs auf, und jeder setzte sich...
2. Samuel	22,30: ...und mit meinem Gott über Mauern springen...
Hiob	6,10: ...So hätte ich noch diesen Trost und wollte fröhlich springen...
Hiob	21,11: ...wie eine Herde, und ihre Knaben springen umher...
Hiob	39,20: ...Kannst du es springen lassen wie die Heuschrecken?...
Psalm	18,30: ...und mit meinem Gott über Mauern springen...
Hohelied	2,8: ...und hüpft über die Berge und springt über die Hügel...
Jesaja	35,6: ...Dann werden die Lahmen springen wie ein Hirsch,...
Hesekiel	47,2: ...und siehe, das Wasser sprang heraus aus...
Amos	3,5: ...Oder springt eine Falle auf von der Erde,...
Zefanja	1,9: ...die über die Schwelle springen, die ihres Herrn Haus füllen mit...
Maleachi	3,20: ...Und ihr sollt herausgehen und springen wie die Mastkälber...
Judit	15,16: ...Und alle waren fröhlich, sangen und sprangen, Mann und Frau...
Tobias	9,8: ...fand er Tobias bei Tisch; der sprang auf, und sie küssten sich....
1.Makkabäer	9,48: ...Da sprangen Jonatan und sein Kriegsvolk in den Jordan...
1.Makkabäer	13,44: ...Und die, die auf den Turm kamen, sprangen in die Stadt...
Ester	4,6: ...und er sprang auf von seinem Thron und umfing sie...
Daniel	1,39: ...denn er war zu stark und stieß die Tür auf und sprang davon....
Markus	10,50: ...Da warf er seinen Mantel von sich, sprang auf und kam zu Jesus...
Lukas	6,23: ...Freut euch an jenem Tage und springt vor Freude;...

Apostelg.	3,8: ...er sprang auf, konnte gehen und stehen und ging mit ihnen in den Tempel, lief und sprang umher und lobte Gott.
Apostelg.	14,10: ...Und er sprang auf und ging umher.
Apostelg.	14,14: ...zerrissen sie ihre Kleider und sprangen unter das Volk...
Apostelg.	27,43: ...als erste ins Meer springen und sich ans Land retten,...

● ***tänzeln***

Jesaja	3,16: ...trippeln daher und tänzeln und haben kostbare Schuhe...

● ***Tanz***

2. Mose	32,18: ...ich höre Geschrei wie beim Tanz.
Jeremia	31,4: ...Pauken schlagen und herausgehen zum Tanz.

● ***tanzen / Tanzen (tanzt, tanzte, tanzten)***

2. Mose	32,19: ...und das Kalb und das Tanzen sah, entbrannte sein Zorn,...
Richter	21,23: ...von den Mädchen, die im Reigen tanzten...
2. Samuel	6,5: ...vor der Lade herging, tanzten David und ganz Israel...
2. Samuel	6,14: ...Und David tanzte mit aller Macht vor dem Herrn her...
2. Samuel	6,16: ...und sah den König David springen und tanzen...
2. Samuel	6,21: ...Ich will vor dem Herrn tanzen, der mich erwählt hat...
1. Chronik	13,8: ...David aber und ganz Israel tanzten mit aller Macht...
1. Chronik	15,29: ...als sie den König David tanzen und spielen sah,...
Hiob	41,14: ...und vor ihm her tanzt die Angst.
Sprüche	26,7: ...Wie einem Gelähmten das Tanzen, so steht dem Toren an...
Prediger	3,4: ...klagen hat seine Zeit, tanzen hat seine Zeit;...
Matthäus	11,17: ...Wir haben euch aufgespielt, und ihr wolltet nicht tanzen...
Matthäus	14,6: ...da tanzte die Tochter der Herodias vor ihnen...
Markus	6,22: ...und tanzte und gefiel Herodes und denen,...
Lukas	15,15: ...als er nahe zum Hause kam, hörte er Singen und Tanzen.
1. Korinther	10,7: ...und zu trinken, und stand auf, um zu tanzen.

5 Bibliografie

5.1 Literatur zu Tanz und Bewegung im Gottesdienst

Teresa Berger (Hrsg.): „Tanzt vor dem Herrn, lobt seinen Namen“ - Einfache Beispiele für Gottesdienst und Feste im Kirchenjahr. Matthias-Grünewald-Verlag, Mainz, 1985.

Christine Bittner: „Der religiöse Ausdruckstanz“ - Erfahrungen mit Jugendlichen in Katechese und Gemeinde.“ Kösel-Verlag, München, 1982.

Anselm Grün OSB und Michael Reepen OSB: „Gebetsgebärden“. Vier-Türme-Verlag, Münsterschwarzach, 1988.

Kerstin Kuppig: „Tanz als Ausdruck des Glaubens“ - Der religiöse Tanz in Unterricht, Gruppe und Gemeinde. Lahn-Verlag, Limburg, 1995.

Hilda-Maria Lander: „Tanzen will ich“ - Bewegung und Tanz in Gruppe und Gottesdienst. Verlag J. Pfeiffer, München, 1983.

Siegfried Macht: „Gottes Geist bewegt die Erde“- Lieder, die uns in Bewegung setzen. Bonifatius-Verlag, Paderborn, 1994.

Siegfried Macht: „In die Freiheit tanzen“ - Liedtänze für Schule, Freizeit und Gemeinde. Bonifatius-Verlag, Paderborn, 1997.

Wolfgang Meurer: „Volk Gottes auf dem Weg“ - Bewegungselemente im Gottesdienst. Grünewald Verlag, Mainz, 1989.

Marlies Ott: „Bewegte Botschaft“ - Liedtänze zum Tages-, Jahres- und Lebenskreis; (incl. CD). Theologischer Verlag Zürich, 1996.

A. Ronald Sequeira: „Spielende Liturgie“ - Bewegung neben Wort und Ton im Gottesdienst am Beispiel des Vaterunsers. Herder-Verlag, Freiburg, 1977.

Albert Stüttgen: „Dich erfahren“ - Tanzmeditationen zu Gesängen aus Taizé. Benno Verlag, Hildesheim, 1994.

Silja Walter: „Tanz vor dem Herrn“ - Neue Wortgottesdienste, mit

Beiträgen von Jakob Baumgartner zum Tanz in der christlichen Liturgie. Verlag der Arche, Zürich, 1974.

Maria-Gabriele Wosin: „Sakraler Tanz“ - Der Reigen im Jahreskreis. Tanzbeispiele mit Tonkassette, Kösel-Verlag, München ,1988.

5.2 Weiterführende Literatur

Teresa Berger: „Liturgie und Tanz“ - Anthropologische Aspekte - Historische Daten - Theologische Perspektiven. EOS Verlag, Erzabtei St. Ottilien, 1985.

Manfred Büsing und Holger Kiesé: „Tanz und Musik in Theologie und Gemeinde - Ausdruck und Erfahrung von Glaube und Verkündigung“ - Diplomarbeit, Selbstverlag, Hannover, 1983.
(auszuleihen u.a. in den Bibliotheken der „Arbeitsstelle für Gottesdienst und Kirchenmusik“, Hannover und der Evangelischen Fachhochschule Hannover)

Hilda-Maria Lander, Maria Regina Zohner: „Bewegung und Tanz - Rhythmus des Lebens“ - Handbuch für die Arbeit mit Gruppen. Matthias- Grünewald-Verlag, Mainz, 1995.

Lambert Nouwens: „Tanzend zwischen Gott und Welt“ - Sinn und Praxis des religiösen Bewegungsspiels. Verlag Herold Wien, München, 1982.

Rainer Russ (Hrsg.): „Gott bei den Tänzern und Narren“. - Paulinus-Verlag, Trier, 1980.

Gwendolyn und Volker Saftien: „Cantate et saltate“ - Kirchenlieder neu erlebt als Tänze der Renaissance. Strube Verlag, München, 1988.

A. Ronald Sequeira: „Klassische indische Tanzkunst und christliche Verkündigung“ - Eine vergleichende religionsgeschichtlich-religionsphilosophische Studie. Herder-Verlag, Freiburg, 1978.

Gereon Vogler, Josef Sudbrack, Emmanuela Kohlhaas: „Tanz und Spiritualität“, Matthias-Grünewald-Verlag, Mainz, 1995.

Helmut Wenz: „Körpersprache im Gottesdienst“ - Theorie und Praxis der Kinesik für Theologie und Kirche. Evangelische Verlagsanstalt, Leipzig, 1995.

6 Adressen

6.1 Die Autoren

...die für Rückfragen, Beratung und Referententätigkeit gerne zur Verfügung stehen:

Manfred Büsing, Diakon und „Kirchentanzpädagoge"
An der Tiefenriede 33
D-30173 Hannover
Telefon 05 11/ 88 14 62, Fax 05 11/ 9 88 77 60
eMail: MaBuese@t-online.de

Holger Kiesé, Diakon und Kirchenmusiker
Kirchstraße 75
D-30855 Langenhagen OT Engelbostel
Telefon 05 11/ 74 38 52, Fax 05 11/ 74 38 06
eMail: kiesee.hkmusik@t-online.de
http://www.hkmusik.de

6.2 Fachkundige Referent/innen für Bewegungs- und Tanzpraxis

(Beratung, Anleitung, Literatur)...

...kann man bei den Autoren erfragen oder folgender Broschüre entnehmen:

Anke Kolster: „Angebot Kirchentanz" -
Eine Übersicht für Tanz im kirchlichen Leben.
ISBN 3-933512-10-7

...zu beziehen über:

Choros Verlag, c/o Gereon Vogler, Herausgeber
Postfach 11 66
D-47865 Willich
Telefon: 00 49/ (0) 21 62 35 32 57
Fax: 00 49/ (0) 21 62 35 32 60
E-Mail: choreae@t-online.de

Im Choros Verlag erscheint auch die Zeitschrift „choreae" für Tanz, Bewegung und Leiblichkeit in Liturgie und Spiritualität. Beim Herausgeber sind auch weiterführende Informationen (z.B. eine umfangreiche Bibliografie) anforderbar.
Neu ist die Homepage: http://www.kirchentanz.de.

6.3 Organisationen

● „Christliche Arbeitsgemeinschaft Tanz in Liturgie und Spiritualität e.V.“:
Geschäftsstelle c/o Wolfgang Burggraf
Kekuléstraße 33
D-53115 Bonn

Diese AG organisiert u.a. Kirchentanzfestivals und Symposien und gibt das vereinsinterne Mitteilungsblatt „Charisma Tanz“ heraus.

● „Arbeitsgemeinschaft Biblischer Tanz Hannover“:
Kontakt über die Autoren Manfred Büsing und Holger Kiesé (s.o.).

7 Quellenverzeichnis

Arche Verlag
Gustav Bosse Verlag
Heinz-Günter Beutler-Lotz
Meike Drude
Wolfgang Fietkau Verlag
Gütersloher Verlagshaus
Peter Hammer Verlag
Wolfgang Hering
Jutta Holst
Peter Janssens Musik Verlag
Johannes Verlag Einsiedeln
Kreuz Verlag
Doris Lindenblatt
Siegfried Macht
Kurt Marti
Rüdiger Maschwitz
Horst Nitschke
Präsenz Verlag
Lothar Podszus
Horst Riegraf
Charlotte Scheller
Angelika Stuhlmann-Schirrmeister
Verlag Styria
Wolfgang Teichmann (Rechtsverwalter Kurt Rose-Texte)
tvd-Verlag
Matthias Viertel
Hildegunde Wöller
Ulrich Wollstadt